AF597003

DICTIONNAIRE
DES
HONNÊTES GENS.

DICTIONNAIRE
DES
HONNÊTES GENS.

DICTIONNAIRE

DES

HONNÊTES GENS,

RÉDIGÉ PAR P. SYLVAIN MARÉCHAL;

POUR SERVIR DE CORRECTIF

AUX DICTIONNAIRES DES GRANDS HOMMES;

PRÉCÉDÉ D'UNE NOUVELLE ÉDITION

DE L'ALMANACH DES HONNÊTES GENS.

Dis-moi qui tu hantes,
Je dirai qui tu es.

A PARIS;

Chez GUFFIER jeune, Libraire-Imprimeur,
Quai des Augustins, n°. 17.

1791.

DICTIONNAIRE
DES
HONNÊTES GENS,
Rédigé par P. Sylvain Maréchal;
POUR SERVIR DE CORRECTIF
Aux Dictionnaires des Grands Hommes;
Précédé d'une Nouvelle Édition
DE L'ALMANACH DES HONNÊTES GENS.

Dis-moi qui tu hantes,
Je dirai qui tu es.

A PARIS,

Chez Gueffier jeune, Libraire-Imprimeur,
Quai des Augustins, n° 17.

1791.

C'est une douce tâche que celle de rassembler autour de soi les honnêtes gens de tous les temps & de tous les lieux. Hélas ! je n'ai à me plaindre que de la brièveté de mon travail. Il n'a pas tenu à moi de le prolonger.

Lecteurs honnêtes, consacrez une heure de chaque journée à méditer sur la vie & sur les œuvres du personnage dont le nom vous est offert sur ces fastes. Que chacun d'entre vous se choisisse pour patron celui d'entre ces personnages pour lequel il se sentira le plus de penchant. On imite avec succès ceux auxquels on aimeroit à ressembler. Votre tour viendra peut-être de grossir cette liste honorable.

Le temple du vrai mérite est assez vaste pour contenir tous ceux qui seront dignes d'y entrer. Long-temps encore, il y restera des places à remplir. Puissions-nous n'être occupés qu'à tresser des couronnes !

Les faits du grand Condé, les vers du grand Rousseau,
Les marbres de Puget, les concerts de Rameau ;
Tous ces beaux monumens de notre intelligence,
Mortels, ne valent pas un trait de bienfaisance.

ARRÊT
DE LA COUR DE PARLEMENT,

Qui condamne un imprimé, sans nom d'imprimeur, ayant pour titre : Almanach des Honnêtes Gens, *à être lacéré & brûlé, par l'Exécuteur de la Haute-Justice, dans la Cour du Palais, au pied du grand Escalier d'icelui.*

EXTRAIT DES REGISTRES DU PARLEMENT.

Du sept Janvier mil sept cent quatre-vingt-huit.

CE jour, à l'issue de l'audience du rôle, les gens du roi sont entrés, &, Me Antoine-Louis Séguier, avocat dudit seigneur roi, portant la parole, ont dit :

MESSIEURS,

Nous venons de prendre communication de l'imprimé que la cour nous a fait remettre, dont elle nous a chargés de lui rendre compte, & sur lequel elle nous demande des conclusions.

Nous nous arrêterons d'abord au titre de cet écrit vraiment scandaleux ; il est intitulé : *Almanach des honnêtes Gens.* Pourroit-on se flatter de comprendre quel est le but de l'auteur de cette misérable production ? Veut-il que ce soit un *almanach* à l'usage des *honnêtes gens* seulement, ou plutôt n'a-t-il pas voulu présenter ce catalogue comme devant servir à remettre dans cesse sous les yeux tous les hommes, prétendus *honnêtes*, dont il pense que les noms doivent faire époque dans les fastes du genre humain? Cette question seroit un problême, si le rédacteur de cet almanach n'avoit pris la peine de nous instruire lui-même de son intention.

On lit dans une note : *Il y a des honnêtes gens par-tout, & c'est à eux & pour eux qu'on s'est occupé ici.* Cet aveu fait disparoître jusqu'au moindre doute. Ce calendrier nouveau est fait pour les *honnêtes gens*, & ne contient que la nomenclature des gens *honnêtes* : c'est-à-dire que tous ceux qui y sont compris, ont droit de prétendre au titre d'homme *honnête*, titre honorable, si prodigué aux sectateurs du matérialisme par les philosophes modernes, & si rare parmi eux en effet, d'après l'absurdité de leurs principes, puisqu'ils ne pourront jamais croire la doctrine qu'ils enseignent.

Si de l'examen du titre, nous descendons dans le détail des noms compris dans ce nécrologe, nous voyons avec douleur que cet esprit insensé, sous prétexte d'amuser ou d'intéresser la curiosité publique, s'est permis de publier une collection bisarre de personnages, étonnés de se trouver réunis, & d'avoir tous le même genre de célébrité. L'auteur place à son gré à chaque jour de l'année combinée suivant le style ancien, les noms les plus respectables, à côté des noms les plus dignes de mépris, ou du moins qui ne sont pas exempts de blâme. On est indigné de voir Moïse rangé dans la même classe que Mahomet, Hobbes, Spinosa, Voltaire & Fréret sont surpris d'être honorés comme Bossuet,

Paſcal, Fénélon & Bourdaloue. Socrate & Platon ne ſont pas plus recommandables qu'Epicure & Démocrite ; Spartacus eſt égal à Cicéron ; Caton n'eſt pas plus vertueux que l'aſſaſſin de Jules-Céſar ; Veſpaſien reſſemble à Marc-Aurèle ; Titus eſt mis en parallèle avec Cromwell ; & Julien ſe trouve à côté de l'empereur Trajan.

Quelle idée l'auteur s'eſt-il donc faite de ce qu'on peut appeler un honnête homme ? Quelle eſt ſa façon de penſer ſur ces êtres privilégiés qu'on doit propoſer pour modèles aux ſiècles à venir ? Quel eſt ſon ſyſtême, lorſqu'il place ſur la même ligne Plutarque & Boindin ; Soliman & Louis IX, Sully & Machiavel ; Wolf & Colbert, Bayle & d'Agueſſeau ? Que [illegible] l'honneur & la vertu de la plus belle moitié du genre humain ; ſi l'eſpèce de célébrité honteuſe que Ninon Lenclos s'eſt acquiſe, doit conſacrer ſon nom, & lui attirer l'hommage dû à [illegible], épouſe infortunée du jeune Théodoſe.

Cet aſſemblage monſtrueux de perſonnages, choiſis dans l'étendue des ſiècles, ce rapprochement de noms également célèbres ou [illegible], cette réunion enfin des hommes qui ont fait la gloire & les délices de la terre avec [illegible] fait la honte & le malheur de l'humanité, annonce le projet formé depuis longtems [illegible] tir, s'il étoit poſſible, la religion chrétienne, par le ridicule qu'on veut répandre ſur ſes plus [illegible] défenſeurs.

Peut-on lire ſans indignation que cet [illegible] eſt donné pour *l'an premier du règne [illegible]* comme ſi la raiſon ne pouvoit dater ſon [illegible] de l'époque qu'un vil troupeau d'incrédules veut bien lui assigner; comme si le monde avoit été jusqu'à présent dans les ténèbres; comme si les novateurs du siècle étoient venus l'éclairer du flambeau de la vérité. Mais en quoi consiste donc cette lumière de la raison nouvelle qu'on veut faire briller à nos yeux? Elle consiste à supprimer de nos anciens calendriers les noms de tous ceux qui se sont distingués par leur piété & leurs vertus, & à substituer à leurs places les noms des payens, des athées, des pyrrhoniens, des incrédules, des comédiens, des courtisannes, en un mot, des détracteurs outrés ou des ennemis déclarés de notre religion sainte. Et si ces derniers se trouvent confondus avec des noms respectés & respectables, c'est pour accorder aux premiers une célébrité politique, qui, dans l'intention de l'auteur, s'allie avec son plan destructeur de toutes les institutions religieuses.

Mais ce que nous ne pourrions jamais croire, si nous n'en avions la preuve entre les mains, c'est de trouver le saint nom de Jésus-Christ au milieu de cette foule d'imposteurs & d'impies.

Quel blasphême d'associer le nom de notre divin Sauveur, Dieu & homme tout ensemble, le seul objet de notre culte & de notre adoration, à une multitude d'idolâtres & même de scélérats!

Non-seulement les mystères de notre sainte religion sont pour ainsi dire écartés, comme les fruits de l'ignorance & de la crédulité, mais l'auteur propose de substituer à nos fêtes solemnelles, *la fête de l'amour* profane, celle *de l'Hymenée*, celle *de la reconnoissance & de l'amitié*, qu'il érige en divinités payennes, pour nous replonger dans l'aveuglement de l'idolâtrie.

C'est en rougissant que nous rendons compte à la cour des conséquences absurdes & révoltantes qui résultent de cet ouvrage d'impiété, d'athéisme & de folie. Nous ne pouvons envisager l'auteur que comme un frénétique dont l'imagination ne produit que des idées extravagantes & inconciliables. Mais le scandale inoui qu'un tel ouvrage peut causer dans le public, & le cri général qui s'est élevé au moment même de sa distribution, nous forcent, malgré nous-mêmes, de proposer à la cour de lui donner une sorte de publicité par une flétrissure éclatante; & puisque l'auteur n'a pas craint de mettre son nom à la fin de son almanach, pour se donner à lui [illegible] tribut de louange qu'il croit mériter [illegible] rant que cet écrit soit condamné aux [illegible] comme scandaleux & blasphématoire, [illegible] éleverons contre l'auteur, comme impie & blasphémateur.

C'est l'objet des conclusions par écrit que nous avons prises, & que nous laissons à la [illegible] l'imprimé qu'elle nous a fait communiquer.

Et se sont les gens du roi retirés, [illegible] laissé sur le bureau ledit imprimé & les [illegible] par eux prises par écrit sur icelui.

Eux retirés.

Vu l'imprimé commençant par ces [illegible] *Almanach des honnêtes Gens*, & finissant [illegible] ceux-ci, *soit ployé dans un étui.* Conclusions du procureur-général du roi. Oui le rapport de

Me Gabriel Tandeau, conseiller. La matière mise en délibération.

La cour ordonne que ledit imprimé sera lacéré & brûlé dans la cour du Palais, au pied du grand escalier d'icelui, par l'exécuteur de la haute-justice, comme impie, sacrilége, blasphématoire, & tendant à détruire la religion : enjoint à tous ceux qui en ont des exemplaires de les apporter au greffe de la cour, pour y être supprimés : fait inhibitions & défenses à tous libraires, imprimeurs, d'imprimer, vendre & débiter ledit écrit, & à tous colporteurs, distributeurs & autres, de le colporter ou distribuer, à peine d'être poursuivis extraordinairement, & punis suivant la rigueur des ordonnances : ordonne qu'à la requête du procureur-général du roi, & pardevant le conseiller qui sera commis par la cour, il sera informé contre les auteurs, imprimeurs ou distributeurs dudit écrit, pour l'information faite, rapportée & communiquée au procureur-général du roi, être par lui requis, & par la cour ordonné ce qu'il appartiendra : ordonne que le nommé M. P. Sylvain Maréchal sera pris & appréhendé au corps, constitué prisonnier dans les prisons de la Conciergerie du Palais, pour être oui & interrogé pardevant le conseiller-rapporteur, sur les faits sur lesquels le procureur-général du roi voudra le faire ouir & interroger, & où ledit Sylvain Maréchal ne pourroit être pris ni appréhendé, sera, après perquisition faite de sa personne, assigné à quinzaine, ses biens saisis & annotés, & à iceux établi commissaire, jusqu'à ce qu'il ait obéi, suivant l'ordonnance. Ordonne que le présent arrêt sera imprimé, publié & affiché par-tout où besoin sera, & copies collationnées dudit arrêt envoyées aux bailliages & sénéchaussées du ressort, pour y être lu, publié & registré: Enjoint au substitut du procureur-général du roi au Châtelet de Paris, & aux substituts du procureur-général du roi dans les siéges royaux, de tenir la main à l'exécution dudit arrêt, & d'en certifier la cour dans le mois. Fait en parlement, le sept Janvier mil sept cent quatre-vingt-huit. Collationné LUTTON.

Signé YSABEAU.

Et le Mercredi neuf Janvier mil sept cent quatre-vingt-huit, ledit imprimé ci-dessus énoncé, ayant pour titre : Almanach des honnêtes Gens, *a été lacéré & brûlé par l'exécuteur de la haute justice, au pied du grand escalier du Palais, en présence de moi Etienne-Timoléon Ysabeau, écuyer, l'un des greffiers de la grand'chambre, assisté de deux huissiers de la cour.*

Signé YSABEAU.

DICTIONNAIRE

DICTIONNAIRE

DES

HONNÊTES GENS.

A

ABAUCAS, Philosophe qui sauva son ami des flammes, &c.

F. ABAUZIT, né à Uzès. Voyez son éloge par J. J. Rousseau.

ABOU-HANIFAH, chef des Hanifites; c'est le Socrate des Musulmans, pour la manière dont il se vengea d'un soufflet.

ABOU-JOSEPH, disciple du précédent: pour sa modestie, rare dans un docteur.

ABOULOLA, premier poëte des Arabes, aveugle comme Milton, philosophe comme Lucrèce.

D'ACCIAIOLI, illustre & bon citoyen de Florence, dont la république a récompensé la probité & le désintéressement, en dotant ses filles.

J. ADISSON, anglois: le sage Adisson.

C. AFRANIUS, sénateur romain: pour avoir fait une satyre contre Néron, & pour en avoir reçu avec courage la mort en récompense.

AGASICLES, roi de Lacédémone: Voyez sa belle réponse sur les devoirs d'un souverain.

AGESILAUS II, roi de Sparte: pour avoir

A

été à la fois, roi, philosophe & modeste; il refusa des statues.

Agis II, roi de Sparte: pour ses vertus patriotiques, & pour sa mort digne de ses vertus.

C. J. Agricola : pour avoir mérité l'éloge qu'en fait Tacite, son gendre.

Men. Agrippa, consul romain, l'an 502 avant Jésus-Christ. M. V. Agrippa, aussi consul romain, mais d'une autre famille : pour avoir été bons citoyens & hommes de bien.

Agrippine, fille du précédent : femme au-dessus de son sexe, & de la bonne & mauvaise fortune.

H. Fr. d'Aguesseau de Limoges, [illegible] de France. Voyez son éloge par Thomas de l'académie françoise.

Fr. Albane, de Bologne, grand [illegible] pour son talent & à cause [illegible] il fit choix.

G. Alv. C. Albornoz, Espagnol, [illegible] déplu à Pierre le Cruel, par [illegible] [illegible], désignés de ce prince [illegible] [illegible] [illegible] de [illegible] Tolède, aussi-tôt qu'il fut nommé [illegible]

Alceste, épouse d'Admète.

U. Aldrovandi, de Bologne, [illegible] services qu'il a rendus à l'histoire [illegible] son zèle infatigable.

D'Alembert, de Paris : pour la préface de l'Encyclopédie.

Alexandre le Grand : avec [illegible] restrictions.

Alexandre Sévère, empereur romain, sans restriction.

A

Al-Farabi, philosophe Musulman : avec, mais après Abou-Hanifah.

Alphonse le sage, & l'astronome; Alphonse le noble & le bon : pour avoir laissé une mémoire chère à la Castille, dont ils étoient Rois.

Alphonse V, roi d'Arragon, dit le Magnanime : le héros de son siècle.

Alfred le Grand, roi d'Angleterre : digne en tout de son surnom.

Fr. Algarotti, de Venise : pour son *Newtonianisme.*

Al-Mamon ou Abdalla III, septième Calife de la maison des Abbassides : pour sa tolérance.

J. Althusius, jurisconsulte : pour avoir soutenu dans ses ouvrages que la souveraineté appartenoit au peuple.

B. Alviano, général des Vénitiens : pour être mort si pauvre, malgré ses brillans emplois & ses grands talens militaires, que le sénat fut obligé de faire une pension alimentaire à son fils & une dot à ses filles.

Amalasonte, reine des Ostrogots : pour avoir été un grand roi.

Amasis, roi d'Egypte : sur-tout pour l'une de ses loix qui prescrivoit à chaque particulier de rendre compte tous les ans aux magistrats de la manière dont il subsistoit.

G. d'Amboise, ministre de Louis XII : à la suite de son maître, quoiqu'ils firent tous deux des fautes.

A. d'Amboise, grand maître de l'ordre de Malthe : pour être mort pauvre, & n'en avoir point laissé dans l'île.

St. Ambroise, archevêque de Milan : pour avoir refusé l'entrée de l'église à l'empereur Théodose, souillé du massacre de la ville de Thessalonique ; & encore pour avoir fait servir les vases sacrés au rachat des captifs chez les Goths.

Amédée IX, duc de Savoie : bon prince.

J. Amyot : si les soupçons que l'historien de Thou [illegible] sa reconnoissance, ne sont pas plus fondés que ne l'a cru l'[illegible] en

Anacharsis, philosophe Scythe.

Anacréon, philosophe aimable.

Anaxagoras, philosophe de Clazomènes : pour avoir mérité qu'on élevât sur son tombeau deux autels ; l'un au bon sens, l'autre à la [illegible]

Anaxarque d'Abdère, philosophe [illegible] favori d'Alexandre le Grand, [illegible] lui un censeur, &c.

Anaximandre, Anaximène [illegible] losophes de Milet, & amis [illegible] du premier.

Thomas d'Andrada ; prisonnier [illegible] fidèles d'Afrique ; ce bon religieux [illegible] rester dans les fers avec ses compagnons [illegible] fortune, que d'accepter l'argent que [illegible] de Lignerez, sa sœur, lui envoyoit [illegible] rançon.

André II, roi de Hongrie : [illegible] qu'il inséra dans la charte des Hongrois [illegible] ou mes successeurs, &c.

II. Andreini, de Padoue : pour [illegible] la fois comédienne distinguée & [illegible]

Androclée & Alcis, deux [illegible] Thèbes : pour s'être immolées [illegible] au salut de leur patrie, sur le refus d'Antipène, leur père.

ANDRONIC III, Paléologue ou le Jeune : pour avoir été le père du peuple.

P. ANGELI, Toscan : pour avoir montré plus de courage qu'on n'oseroit en attendre d'un professeur de poësie; il défendit la ville de Pise contre P. Strozzi.

J. ANGELIC, religieux & peintre italien : pour sa modestie & ses talens; il laissoit toujours quelques fautes grossières dans ses meilleures compositions, dans la crainte que son amour propre ne fût trop flatté des louanges qu'on lui auroit données; & encore pour son désintéressement, il refusa l'archevêché de Florence.

S. ANICIUS-PROBUS, consul romain, au quatrième siècle : pour son humanité & sa sagesse.

ANNIA, dame romaine avec Bilia.

L'amiral ANSON, anglois.

ANTISTHÊNE, philosophe athénien, père des Cyniques.

ANTONIA, fille de Marc-Antoine, épouse de Drusus, mère de Germanicus, femme vertueuse au milieu d'une cour dissolue.

ANTONIN le pieux, empereur romain, prince accompli.

S. ANTONIN, archevêque de Florence, sa patrie : non pour avoir fait une somme théologique & une chronique, mais bien parce qu'il se privoit de tout pour fournir aux besoins de ses diocésains.

ANVARI, le premier des poëtes persans : pour avoir retranché de la poësie de son pays les libertés qu'elle se permettoit contre les mœurs & le goût.

Apelles, grand peintre, de l'île de Cos; pour son tableau de la calomnie, &c.

Apollonius, de Tyane, pythagoricien, avec Jésus-Christ, s'il a existé.

Aquilius-Sabinus, jurisconsulte romain, consul l'an 216 de Jésus-Christ; le Caton de son siècle.

Arcesilaus, pyrrhonien aimable.

Archelaus, philosophe grec, disciple d'Anaxagore, & maître de Socrate.

Archidame, roi de Sparte, digne de commander à des Spartiates.

Archimède, de Syracuse.

Archytas, de Tarente, philosophe [illegible], pour avoit appliqué les mathématiques aux choses d'usage, &c.

Ardschir ou Artaxerxes, roi de Perse, grand prince. Lisez son journal écrit par lui-même, & les règles qu'il fit pour [illegible].

Aretin : (Léonard & non Pierre) pour les services qu'il rendit aux lettres en Italie.

Le marquis d'Argens, né à Aix, philosophe, à la suite de Bayle.

B. d'Argentré, mauvais historien [illegible], mais bon citoyen, qui mourut de douleur de voir sa patrie en proie aux fureurs de [illegible].

C. D. d'Argentré, évêque de [illegible], (breton) : il travailloit sept heures par jour, & aimoit les pauvres; phénomène parmi les [illegible] de l'ancien régime.

Ariarathe VI, dit Philopator, à cause de son attachement pour son père, qui lui [illegible] ce surnom. Il n'est que trop rare dans l'histoire de voir l'amour filial à l'épreuve d'un trône.

L. l'Arioste : pour sa probité & sa philosophie, autant que pour son talent.

Les deux Aristarques, l'astronome & le critique.

Aristide, le juste.

Aristippe, disciple de Socrate, chef des Cyrenaiques, & philosophe à la cour d'un tyran.

Aristogiton : pour avoir délivré, de concert avec *Harmodius*, Athènes, sa patrie, du tyran Hipparque ; sans oublier la *Courtisanne* qui se coupa la langue avec ses dents, dans la crainte d'être forcée par la torture, de découvrir la conspiration d'Aristogiton.

Ariston, philosophe de Chio, disciple de Zénon : indifférent à tout ce qui est entre la vertu & le vice.

T. Ariston, jurisconsulte romain, sous Trajan, vrai philosophe, puisqu'il ne cherchoit la récompense de la vertu que dans la vertu même. Voyez la vingt-deuxième lettre du premier livre de Pline le jeune.

Aristote, de Stagyre, en Macédoine.

Arlotto, curé de Florence : pour sa gaîté, avec le curé de Meudon.

Arnaud, moine italien, disciple d'Abailard : sa mémoire mérite d'être réhabilitée ; il fut brûlé vif à Rome, comme hérétique, pour avoir soutenu que les biens de l'église appartenoient à la patrie.

A. Arnauld, de Paris, avocat distingué par sa probité, son éloquence & son opposition à la ligue.

R. Arnauld d'Andilly, fils aîné du précédent, & parisien aussi : il n'usa du crédit qu'il avoit à la cour que pour rendre service.

H. Arnauld, l'évêque d'Angers, frère du précédent, né à Paris ; prélat accompli.

A. Arnauld, de Paris, frère du précédent, dit *le grand Arnauld* : pour ce qu'il auroit pu être, dans des circonstances plus analogues à la trempe de son génie & de son cœur.

S. Arnauld, marquis de Pompone, fils de R. Arnauld d'Andilly : pour avoir refusé l'honneur que lui offroient les états-généraux d'Hollande, d'être les pareins de son fils, & les deux écus de pension attachés à cet honneur, dans la crainte d'être embarrassé par la reconnoissance, au milieu de ses négociations.

H. C. Arnauld, abbé de Pompone, né à la Haye, fils du précédent, digne de son père par sa probité & le même désintéressement : il ne voulut point posséder deux abbayes à la fois.

Arrie, dame romaine, femme de Pætus : *non dolet.*

Artemise, reine de Carie, sœur & femme de Mausole.

Artus III, *le justicier*, duc de Bretagne, bon & grand prince.

Asclepiade, médecin de Pruse en Bithynie : pour avoir simplifié l'art de guérir & avoir réduit tous les remèdes à cinq : l'abstinence des viandes, celle du vin, les frictions, la promenade & la gestation.

Aspasie, courtisane philosophe : pour avoir mérité d'avoir Socrate pour disciple.

J. Astruc, médecin, né à Sauve : pour sa

belles qualités personnelles autant que pour son savoir.

Les deux ATHÉNODORES, de Tarse, stoïciens : pour leur philosophie qui ne se démentit jamais.

Th. Agrippa D'AUBIGNÉ, favori d'Henri IV, & en même temps son censeur inflexible.

H. AUBRIOT, prevôt de Paris, sous Charles V : pour son patriotisme.

P. D'AUBUSSON, grand maître de l'ordre de Malthe : héros plein de feu & de sagesse.

G. AUDRAN, de Lyon, le célèbre graveur : pour son talent.

AVERROÈS, philosophe & médecin, né à Cordoue.

J. D'AUMONT, maréchal de France, sous Henri III : pour avoir été plus vaillant que rusé : homme d'honneur, bon citoyen, & *franc Gaulois* à l'excès.

A. D'ARANDA, page de l'empereur Charles V : pour son amour filial.

AISSA, esclave Maurisque : pour sa grandeur d'ame. Voyez l'histoire du siége de Tunis, sous l'empereur Charles V.

AZPILCUETA, né au Royaume de Navarre, célèbre jurisconsulte, plus recommandable encore pour avoir fait à 80 ans le voyage de Rome, afin d'y défendre son ami B. Claranza, accusé d'hérésie; & pour avoir été si charitable, que sa mule s'arrêtoit dès qu'elle appercevoit un pauvre.

B

St. BABILAS, évêque d'Antioche, avec *Saint-Ambroise* ; s'il est vrai qu'à l'exemple de ce dernier, Babilas interdit l'entrée de l'église à l'empereur Philippe, monté sur le trône, acquis par le meurtre de Gordien, son bienfaiteur & son pupille.

Bacchylide, poëte lyrique grec : pour avoir consacré sa muse à la morale.

R. Bacon, franciscain anglois : pour ce qu'auroit pu être ce beau génie, placé dans un siècle & dans une profession plus philosophique.

Fr. Bacon, chancelier d'Angleterre.

G. Baillou, du Perche, premier médecin du fils de Henri IV : pour avoir bien mérité de la médecine, en la réduisant à ce qu'elle a d'utile ; vrai philosophe.

E. Baluze, né à Tulles : pour ses mœurs douces & bienfaisantes, & pour son érudition.

S. Banchi, dominicain Florentin, [illegible] plus sage que deux prêtres & un capucin, [illegible] le projet de *Barrière*, d'assassiner Henri IV ; & pour avoir préféré la vie privée de simple religieux à l'évêché d'Angoulême, que le roi lui avoit donné pour prix de son zèle.

A. Bannier, de Clermont en Auvergne : pour ses mœurs douces & bienfaisantes, & pour son érudition.

J. Bannier, capitaine suédois : pour ce qu'il a été, & les belles maximes qu'il a [illegible] jusqu'à son second mariage.

A. G. de Barbazan, sous Charles VII, surnommé *chevalier sans reproche*, digne d'être associé aux Bayard, Duguesclin, &c.

M. le Barbey, médecin de Bayeux & de Henri IV, sauveur de sa patrie. Voyez l'histoire de la ligue.

C. Barbeyrac, bon médecin provençal : il employoit peu de remèdes & n'en guérissoit que plus de malades.

J. Barbeyrac, neveu du précédent : homme honnête & savant laborieux.

R. Barclay, d'Edimbourg, sage Quaker ; pour sa belle épître dédicatoire à Charles II, à la tête de son livre : *Apologie des Quakers.*

J. d'O. Barneveldt, avocat général des états d'Hollande ; pour avoir été l'un des fondateurs de la liberté de sa patrie, & pour sa mort véritablement socratique.

L'épouse de Barneveldt, digne de son mari ; & pour sa belle répartie à Guillaume, auprès duquel elle sollicitoit la grace de l'un de ses fils.

Fr. Baron, de Marseille, consul de France, à Alep & à Surate ; pour avoir mérité par sa droiture & sa bienfaisance que les musulmans prient sur son tombeau.

J. V. seigneur des Barreaux, de Paris ; modèle à citer aux rapporteurs.

J. Barrelier, dominicain, botaniste estimé ; exemple à proposer aux religieux, quand il y en avoit, & aux gens désœuvrés, tant qu'il y en aura.

Barthélemi des martyrs, de Lisbonne, archevêque de Brague, bon prélat, qui sentoit le besoin d'une réforme dans le clergé, & qui ne se regardoit que comme le premier médecin de 1400 hôpitaux ou paroisses de son diocèse.

P. Bassuel, de Paris : bon chirurgien, homme droit, franc, modeste.

Ste. Bathilde, épouse du roi Clovis II : non pour avoir bâti l'abbaye de Chelles, & fondé le monastère de Corbie ; mais pour avoir aboli l'usage des esclaves qui subsistoit encore de son temps, & pour avoir supprimé des exactions qui réduisoient les pères à vendre leurs enfans.

E. Battori, roi de Pologne : il ne dut le sceptre qu'à sa réputation de sagesse & de bonté.

C. E. Baudelot, né à Paris, avocat [illegible] modeste, doux & bienfaisant.

Baudouin I, comte de Flandres, premier empereur de Constantinople : pour [illegible] dignes d'une mort plus douce.

J. Baulot ou Beaulieu, célèbre lithotomiste, né en Franche-Comté, véritable inventeur de l'*Opération angloise*, que Cheselden n'a fait que perfectionner : homme de bien, dont la vie entière fut consacrée au soulagement de l'humanité.

Le chevalier Bayard, chevalier sans peur & sans reproche : né en Dauphiné.

P. Bayle, né au Comté de Foix.

Fr. Bayle, né au diocèse d'Auch : modeste, quoiqu'avec du mérite.

J. de Beausobre, né à Niort : pour les qualités de son cœur.

P. duc de Beauvilliers, gouverneur du duc de Bourgogne : pour avoir été vrai à la cour, & pour y avoir toujours plaidé la cause des peuples.

N. Beda, picard, syndic de la faculté de Théologie de Paris : pour avoir empêché la Sorbonne d'opiner en faveur du divorce d'Henri VIII, roi d'Angleterre.

M. Begon, de Blois : modèle pour les intendans, quand il y en avoit, & pour les Mécènes, tant que les artistes ne sauront s'en passer.

A. Behn, dame angloise : pour ses talens dans les négociations & dans les belles lettres.

B. Bekker : plus pour ses mœurs pures & son ame ferme, que pour ses ouvrages.

Bélisaire : général des armées de Justinien.

J. B. M. Bellegarde, du diocèse de Nantes : non pour ses ouvrages, mais pour en avoir converti le produit en aumônes.

P. L. B. du Belloi, de l'académie françoise : pour avoir consacré sa muse à l'histoire de son pays.

H. Fr. de Belzunce, évêque de Marseille : pour sa charité pendant la trop fameuse peste de cette ville, & encore pour avoir refusé, fidèle à son église de Marseille, l'évêché (alors duché-pairie) de Laon : & à sa suite, J. B. N. Boyer, médecin, qui se signala lors du fléau qui ravageoit sa patrie.

Benoît XI, pape, fils d'un berger : pour n'avoir voulu reconnoître sa mère que sous les habits de son état.

Benoît XIV, pape, pour avoir mérité l'inscription que lui fit un anglois, le fils du ministre Walpole, à son retour d'Italie en Angleterre.

N. Berghem, excellent peintre paysagiste, d'Amsterdam : pour avoir consacré son pinceau au genre du paysage ; ce qui suppose beaucoup de douceur & de simplicité dans les mœurs : & telles étoient les siennes.

C. Berigard, philosophe pyrrhonien, de Moulins.

C. Bernard, ou le pauvre prêtre, né à Dijon : pour avoir résigné le seul bénéfice qu'il eût, afin de se consacrer tout entier au service des pauvres ; c'est à cause d'eux qu'il se dépouilla d'un héritage de près de 400 mille livres : c'est encore lui qui se borna à demander au cardinal Richelieu, qui l'avoit nommé à une abbaye, dont il ne voulut point, de faire raccommoder les planches de la charette sur laquelle il accompagnoit les patiens au supplice.

Cath. BERNARD : si elle est l'auteur de la tragédie de Brutus qui porte son nom.

BERNARDIN, religieux de St. François, italien : non pour avoir fondé près de 300 monastères, ni pour avoir écrit ses commentaires sur l'apocalypse ; mais pour être entré dans la confrairie de l'hôpital de la Scala à Sienne, pour y avoir fait éclater son courage & sa charité dans la contagion de 1400.

Le bienheureux BERNARDIN de Feltri, frère mineur : pour sa simplicité aimable, & pour avoir persuadé aux habitans de Padoue, que rançonnoient des usuriers juifs, d'établir le *Mont-de-Piété* en 1491.

Fr. BERNIER, d'Angers, dit le *joli philosophe*, médecin du grand Mogol : pour ses voyages & pour avoir été le disciple de *Gassendi*.

Le cavalier BERNIN, napolitain, peintre, sculpteur & architecte : pour ses talens & pour la modestie rare qu'il montra en voyant les ouvrages de *Perrault*. Si son caractère étoit brusque, ses mœurs étoient austères.

La famille savante des BERNOULLI, de Basle ; sur-tout JACQUES, inventeur du calcul différentiel ; il fut assez modeste pour en partager la gloire avec ses deux frères, &c. Et JEAN : pour sa thèse en vers grecs sur cette question : Quo *le prince est pour les sujets* ; cet axiome politique valoit bien toutes les spéculations de géométrie.

Phlibert Berthelier, le Caton de Genève, sa patrie. Voyez la note (*s*) de la lettre de J. J. Rousseau à d'Alembert, sur les spectacles.

P. de Bethencourt, normand, fils du gentilhomme Jean, qui découvrit les isles Canaries : pour avoir fondé dans les Indes occidentales les *Bethléémites* ; on ne sauroit trop multiplier les liens de fraternité & d'hospitalité parmi les hommes.

J. le Boeuf, d'Auxerre : pour ses recherches savantes & laborieuses, utiles à l'histoire de France.

Fr. Bianchini, de Véronne, savant ; surtout pour son établissement de l'académie des *aletofili*, c'est-à-dire, des *amateurs de la vérité*.

Bias, philosophe, natif de Prienne, ville de Carie, & suivant quelques anciens, *le plus sage des sept Sages de la Grèce* ; il commença à se faire connoître par le rachat de quelques filles captives : ses concitoyens lui élevèrent un temple.

Jérôme Bignon, & même son fils, Jean-Paul, né à Paris : magistrat intègre, & savant bibliothécaire.

E. Bigot, de Rouen : pour ses moeurs dignes de servir de modèles aux gens d'étude.

Billia, dame romaine : modèle pour les épouses.

A. Billaut, ou *Maître-Adam*, menuisier-poëte : pour avoir eu le bon esprit de préférer toujours le séjour de Nevers, sa patrie, à celui de la cour.

Bion, de Smyrne : poëte aimable.

BION, de Boryſthêne, philoſophe : pour ſes ſentences.

BIRAGUE, non pas le *Chancelier*, mais ce gentilhomme de la même famille, qui montra tant de ſageſſe & d'intrépidité ſur la brêche de Carcé, ville de Piémont, qu'il emporta.

R. BLAKE, amiral d'Angleterre : pour ſon déſintéreſſement patriotique : après avoir enlevé aux ennemis de l'état pluſieurs millions qu'il verſa dans le tréſor public, il ne laiſſa en mourant 500 liv. ſterlings de plus qu'il n'avoit hérité de ſon père.

J. BLANC, bourgeois de Perpignan : pour ſon patriotiſme inoui, lors du ſiége de cette ville par les François, en 1474, & qui lui mérita le titre de *très-fidèle*.

BLANCHE, épouſe d'un citoyen de [illegible], nommé *Porta*, illuſtre martyre de la fidélité conjugale; femme au-deſſus de [illegible].

N. BLAVET, de Beſançon, [illegible] pour ſes mœurs & pour ſon talent.

J. P. R. de la BLETTERIE [illegible] *Tacite*.

CH. BLOUNT, philoſophe [illegible] nien, &c.

J. BODIN, angevin, pour avoir [illegible] républicain, & pour avoir [illegible] Monteſquieu.

BOECE, romain : pour avoir compoſé [illegible] priſon ſon livre *de conſolatione philoſophiæ*.

H. BOERHAAVE, né près de Leyde, l'*Euclide* des médecins.

E. de la BOETIE, périgordin, avec *Montaigne*, puiſqu'il fut l'ami de *Montaigne*, & mérita d'en être

être pleuré. Voyez les *essais* : sur-tout en reconnoissance de son discours *de la servitude volontaire ou le contr'un*, ouvrage d'un homme libre.

N. Boileau-Despréaux, né à Crône, près Paris : on connoît assez son talent ; mais on ne sauroit se rappeler trop souvent son beau trait envers Patru.

C. Boileau : on ne lit plus ses sermons ; mais il étoit d'une vertu pure, d'un caractère doux & d'un bon esprit.

N. Boindin, parisien : on lui accorde des mœurs pures & un cœur généreux ; bienfaiteur de Dumarsais le grammairien, qu'importe, s'il fut athée ?

J. Boivin, né à Montreuil-l'Argilé : pour avoir possédé toutes les qualités qu'on cherche & qu'on rencontre rarement dans un érudit : des mœurs douces & beaucoup de simplicité.

Bolingbroke, philosophe anglois.

Bonarotti-Michel-Ange, toscan, peintre & sculpteur : artiste sublime.

Bonfadio, historien de Gênes : pour avoir été victime de sa véracité.

Bonne, paysanne de la Valteline, épouse de Brunoro, illustre guerrier parmesan : pour avoir été héroïne, mais sans tirer à conséquence.

Madame Bontems, née à Paris : pour nous avoir donné une bonne traduction françoise du beau poëme anglois : *Les saisons de Thompson.*

T. de Bordeu, béarnois : assez bon médecin pour ne pas croire à la médecine ; il avoit beaucoup d'éloignement pour les remèdes & beaucoup de confiance dans la nature.

[illegible] Charles B[illegible] [illegible]
d'Arone ; pour avoir exécuté sur [illegible]
[illegible] qui n'étoit que sur les lèvres [illegible]
prélats du Concile de Trente.

B[illegible] pour [illegible] le
[illegible]

B[illegible]
marck : modèle des épouses.

[illegible] ces
[illegible]
firent leurs voyages, leurs é[illegible]
[illegible]
[illegible]
[illegible]
naire de France & né à Genève [illegible]
[illegible]
[illegible]
[illegible]
Bassigni [illegible]
puisqu'il [illegible]
qualités [illegible]
l'humanité & aux arts.

[illegible]
le peintre des grâces [illegible]
[illegible]
[illegible]
[illegible]
[illegible]
[illegible]
[illegible]
[illegible]
[illegible]
[illegible]
pour avoir servi la [illegible]

d

[illegible] servoient leur république, [illegible] ce qu'en dit madame Maintenon : en lui le cœur est mort le dernier.

J. P. de Bougainville, de Paris, de l'académie françoise : tout fut louable en lui, & tout n'a été célébré.

Le comte Boulainvilliers, né à St-Saire, pour avoir été le plus savant gentilhomme du royaume dans l'histoire, & pour avoir été par fois philosophe profond.

N. A. Boulanger, né à Paris, écrivain savant & philosophe : sa physionomie avoit une ressemblance frappante avec celle de Socrate ; il en avoit aussi les vertus.

[illegible] Bourdaloue, né à Bourges : sa conduite fut la meilleure réfutation des lettres provinciales.

A. du Bourg, de Riom, conseiller au parlement : bon magistrat, ami fidèle, prêtre austère ; du Bourg fut brûlé en Grève, pour n'avoir point [illegible] ce qu'il ne pensoit pas.

Robert Boyle, irlandois : pour ses belles [illegible] & ses découvertes en physique, & aussi pour ses mœurs modestes & philosophiques.

[illegible], prévôt de Paris sous Louis IX : bon magistrat ; sa mémoire doit être chère aux parisiens.

[illegible] Bourg, de Lyon : modèle à proposer [illegible] membres des académies [illegible] académies.

[illegible], astronome anglois [illegible]

[illegible]

[illegible]

grands talens ; il joignoit le cœur & l'[illegible]

BRASIDAS, général lacédémonien ; grand homme de guerre.

La mère de BRASIDAS, au-dessus encore de son fils ; femme vraiment spartiate.

Henri BRIGGS, savant anglois ; [illegible] poser aux savans de toutes les nations [illegible]

Guill. BRIGGS, médecin anglois ; pour son traité *ophthalmographia*.

T. BROWN ; médecin philosophe [illegible]

P. BRULART, marquis de [illegible] intègre & ferme ; la modération [illegible] cepter la dignité de duc & pair [illegible] & qu'il avoit méritée par la [illegible] pellier.

P. BRUMOY, de Rouen ; sur-tout [illegible] *Théâtre des Grecs*.

C. le BRUN, grand peintre [illegible] son talent plein d'élévation.

Jordanus BRUNUS : pour avoir [illegible] d'Aristote, &c.

L. J. BRUTUS ; M. J. BRUTUS [illegible] liberté.

J. de la BRUYÈRE, de l'Ile de [illegible] philosophe ingénieux ; pour avoir [illegible] *tères*.

BUFFON : peintre philosophe de la [illegible]

H. M. BUCH, cordonnier [illegible] Luxembourg ; pour avoir fondé [illegible] *donniers* & les *Frères Tailleurs* ; [illegible] tisans travaillant en commun, [illegible] surplus de leur nécessaire au soulagement [illegible] pauvres. On ne sauroit trop multiplier [illegible] de fraternité parmi les hommes ; une telle institution vaut le meilleur livre, ou la victoire la plus éclatante.

G. Buckeldius, hollandois ; honoré d'un tombeau par ses compatriotes, dont il fut le bienfaiteur, en leur apprenant le secret de saler & d'encaquer les harengs.

G. Budé, parisien : savant estimable.

Et même sa femme ; sans négliger les affaires domestiques, elle servoit de second à son mari dans ses études.

G. Burnet, d'Edimbourg ; évêque de Salisbury : il n'oublia rien pour sauver la vie au lord Stafford, & à plusieurs autres catholiques qu'il avoit mal-menés dans ses écrits de controverse.

A. Burrhus, gouverneur de Néron.

A. G. Busbec, né à Comines : bon citoyen, bon négociateur, savant estimable, & cher aux gens de lettres.

N. Chart de Buzanval, né à Paris ; évêque de Beauvais ; prélat bienfaisant & modeste, qui abdiqua publiquement le titre de *grandeur* affecté à l'épiscopat.

J. Byrge, constructeur d'instrumens de mathématiques : comme inventeur des logarithmes & du compas de proportion ; découvertes long-temps inconnues, à cause de la simplicité & de la modestie de l'auteur.

C

E. Caballo, libérateur de Gênes, sa patrie, assiégée par les François en 1512.

N. L. de la CAILLE, [illegible] astronome, homme de bien [illegible] pour [illegible] ouvrages.

E. CALENTIUS, précepteur de Frédéric, fils de Ferdinand, roi de Naples : plus [illegible] des vertus à son élève [illegible] contre les loix qui [illegible] criminels.

CALENUS, [illegible] romain [illegible] le philosophe Varron, [illegible] d'Antoine, lors des proscriptions [illegible] de sa propre vie.

P. CALIARI, (Paul Véronèse) [illegible] Vérone : pour son grand [illegible]

Benoît CALIARI, son frère : [illegible] modestie.

CALLICRATIDAS, [illegible] moins pour sa valeur & ses [illegible] sa grandeur d'ame [illegible]

CALLISTHÈNES, disciple & parent [illegible] philosophe austère : mis à mort par [illegible] dit le Grand, pour n'avoir point [illegible]

J. CALLOT, dessinateur & graveur [illegible] refusé à Louis XIII de dessiner [illegible] ville de Nanci, sa patrie, que ce [illegible] d'enlever au duc de Lorraine ; & [illegible] avoir refusé une forte pension [illegible] offrit, s'il quittoit son pays.

D. A. CALMET, bénédictin : ses vertus ne le cédoient point à ses lumières.

G. CALVERT, anglois [illegible] point [illegible] mité les Espagnols dans [illegible] firent aux Indiens. Il n'employa contre eux pour armes que celles de la douceur & de l'humanité.

M. Fur. Camille : pour ses vertus militaires & civiles.

Camma, dame de Galatie : héroïne de l'amour conjugal.

L. Camoens, pour son poëme de la *Lusiade*.

T. Campanelle, dominicain calabrois : avec [illegible] pour [illegible]

J. Camusat, imprimeur de Paris, pour n'avoir consacré ses presses qu'à des livres estimables.

C. du Cange, d'Amiens : parmi les savans laborieux & estimables.

Arthur Capel, le père & le fils : pour leur patriotisme, lors du siége de Glocester en 1643.

[illegible] philosophe [illegible] à qui fut [illegible]

B. [illegible] archevêque de Tolède : pour avoir été [illegible] dans la prospérité, patient dans le malheur, & pour avoir soutenu avec beaucoup de force & d'éloquence, au Concile de Trente, la résidence des évêques.

M. A. Carus, empereur romain, né à Narbonne : bon prince.

Barthélemi de las Casas, né à Séville, évêque de Chiapa : pour avoir signalé, pendant 50 ans, son zèle infatigable envers les pauvres Indiens, qui le regardoient comme leur père. Voyez son beau plaidoyer, intitulé : *La destruction des* [illegible]

Isaac Casaubon, né à Genève, garde de la bibliothèque publique, sous Henri IV, [illegible] pour son érudition que pour son esprit de tolérance dans ses disputes de religion.

J. D. Cassini, né dans le comté de Nice.

J. Cassini, fils du précédent, [illegible] grands astronomes & hommes de bien.

L. B. Castel, de Montpellier, [illegible] géomètre & philosophe [illegible] ont avancé de quelque pas la [illegible]

G. N. le Cat, [illegible] pour ses [illegible] a fondus à la chirurgie, & principalement [illegible] son *Traité des Sens*.

N. Catinat, [illegible]

M. P. Caton le censeur.

Caton, d'Utique.

J. Cats, hollandais, [illegible] emplois brillans pour [illegible] bon poëte moral, cher à ses [illegible]

N. Caussin, de Troye, jésuite, [illegible] Louis XIII, homme d'une [illegible] pouvoit étranler; pour avoir [illegible] cardinal Richelieu.

Le comte de Caylus, [illegible] probité antique, le [illegible]

Cecinia, lieutenant de Germanicus, [illegible] coucha par terre sur le seuil de la porte [illegible] camp, pour empêcher les soldats de [illegible]

Cecrops, fondateur d'Athènes, pour avoir établi l'aréopage.

G. Ceditius, tribun des soldats [illegible]

Sicile, l'an 494 avant Jésus-Christ : pour son action généreuse.

Celse, l'hippocrate des Latins.

Céphale, orateur athénien : plus encore pour sa probité que pour son éloquence.

Laura Cereta, dame de Bresse : pour avoir consacré son veuvage à la philosophie.

M. Cervantes : pour avoir fait *D. Quichotte.* D'ailleurs, il étoit brave, & perdit une main à la bataille de Lépante.

[illegible], dame flamande : modèle d'amour conjugal.

A. Cesalpin, d'Arezzo : spinosiste, mais savant médecin.

Caïus César, né à Rome, l'an 98 avant J. C. pour avoir pardonné à Cinna : *soyons amis, &c.*

Constance de Cezeli, de Montpellier, gouvernante de Leucate, sous Henri IV : véritable héroïne, sans tirer à conséquence.

Chabrias, général athénien : pour ses grandes actions militaires, & sur-tout pour sa mort généreuse.

[illegible] B. Chalucet, évêque de Toulon : pour les services que rendit ce digne prélat à cette ville, assiégée par le duc de Savoie, en 1707.

C. H. P. de Chamousset, maître des comptes, à Paris : bon citoyen, qui consacra sa vie entière au bien public.

P. Champagne, bon peintre, de Bruxelles : la décence guida toujours son pinceau, ainsi que ses mœurs.

C. E. Luillier de Chapelle, né à la Chapelle, près Paris : poëte & philosophe aimable.

J. CHAPELLE, [illegible]
des sciences.

J. CHARDIN, de Paris [illegible] voyageur
& point menteur.

CHARILAUS, [illegible] de Lycurgue, [illegible]
Lacédémone ; [illegible]

CHARLES V dit le sage [illegible]
[illegible]

CHARLES VIII, [illegible]
né à Amboise ; pour ses vertu[illegible]
[illegible]
morts en apprenant sa mort. [illegible]
[illegible] digne [illegible]
pendant à la continence de Scipion [illegible]
[illegible]
[illegible]
[illegible]

CHARLES XII, Roi de Suède, [illegible]
auroit pu être, [illegible]
[illegible]
[illegible]
faisance envers M. & Madame [illegible]
[illegible]
[illegible]
[illegible]

CHARONDAS, sicilien ; législateur [illegible]
[illegible]
[illegible]
donné la *vie de Socrate* [illegible]
[illegible]
[illegible]
de la sagesse.
[illegible]
[illegible]

arrêta, tant qu'il vécut, l'exécution de l'arrêt rendu en 1540, par sa compagnie, contre les habitans de Cabrières & de Mérindol.

G. Emilie B. marquise du CHASTELET, femme aimable & savante : pour avoir traduit & commenté Newton ; comme aussi pour avoir procuré l'élargissement à un auteur renfermé à la Bastille, parce qu'il avoit écrit contr'elle.

Raimond de CHAT RASTIGNAC, gouverneur d'Auvergne ; héros citoyen ; pour avoir mérité l'éloge qu'en fait de Thou : *vir indefessæ virtutis.*

J. B. V. CHATEAUBRUN, d'Angoulême : si ce n'est pour ses talens dramatiques, du moins pour son désintéressement & ses mœurs philosophiques.

Tanneguy du CHATEL, vicomte de la Bellière : pour avoir rendu les derniers devoirs à Charles VII, abandonné des courtisans occupés à flatter le nouveau roi, &c.

G. A. CHAULIEU, né à Fontenai, au Vexin Normand, élève de *Chapelle* : plus que son maître encore, poète & philosophe aimable.

CHELONIDE, femme de Cléombrote & fille de Léonidas, tous deux rois de Lacédémone : pour avoir préféré l'exil de son mari à la cour du roi son père.

E. S. CHERON, née à Paris, peintre & poète ; elle posséda la musique & les langues savantes ; pour avoir eu presque tous les talens & toutes les vertus.

Fr. CHEVERT, né à Verdun sur Meuse, lieutenant général ; pour avoir mérité la belle épitaphe que lui fit d'Alembert.

A. CHEVILLIER, né à Pontoise, bibliothécaire

de Sorbonne : puisqu'on le vit se dépouiller lui-même pour revêtir les pauvres, & vendre sa bibliothèque pour les assister.

CHILON, l'un des sept Sages de la Grèce.

M. Emilie Joli de CHOIN, maîtresse [illegible] du Dauphin, fils de Louis XIV, avec la [illegible] pour avoir donné des mœurs au prince qui la hantoit : pour avoir dédaigné [illegible] avoir vécu, après la mort de [illegible] une obscurité illustrée par toutes [illegible] œuvres.

N. CHOMEL, curé à Lyon, pour son [illegible] naire économique, ouvrage plus utile [illegible] de la campagne que de plats [illegible]

M. A. CICERON, avec des [illegible]

CIMON, général athénien, [illegible] militaires & ses vertus privées.

La fille de CIMON, [illegible] avoir nourri de son lait son père [illegible] mourir de faim dans une prison.

L. G. CINCINNATUS, consul [illegible] homme.

A. C. CLAIRAUT, parisien, [illegible] qu'il rendit aux mathématiques, [illegible] qualités personnelles.

S. CLARKE, « madame, c'est [illegible] » & le plus honnête homme de l'[illegible] disoit de lui à la reine Anne, [illegible] de Londres.

Aur. CLAUDE II, empereur romain [illegible] avoir fait regretter qu'il ne régnât que [illegible]

CLAUDE, frère célestin, sous [illegible] cause de son ouvrage philosophique [illegible] *erreurs de nos sensations*, &c. digne de faire placer l'auteur entre Bacon & Locke.

J. Claude, né dans le Rouergue, ministre protestant : non pour ses ouvrages de controverse, mais pour l'intégrité de ses mœurs, & pour ce qu'il auroit pu être avec ses talens, placé dans d'autres circonstances.

A. Claudia, fille de l'empereur Claude : pour avoir mérité la haine de Néron.

Cléanthe, philosophe stoïcien.

Cléarque, philosophe péripatéticien.

Clément II, pape, saxon : pontife vertueux, ennemi de la simonie.

Clément IV, pape, né à S. Gilles sur le Rhône : pour n'avoir point tâté du népotisme, & pour avoir essayé de dissuader Saint-Louis d'une croisade nouvelle que ce prince ne publia que malgré lui ; en supposant toutefois qu'il n'ait point conseillé à Charles de France, roi de Sicile, le meurtre de Conradin, son prisonnier.

Clément XII, pape, né à Rome : à cause de sa bienfaisance envers les pauvres, qui le rendit moins riche quand il fut pape que lorsqu'il n'étoit que cardinal.

Clément XIII, pape, né à Venise ; pour ses vertus privées.

Clément XIV, Ganganelli, pontife aimable & ami des lettres ; prince habile & bon : sa succession fut celle d'un religieux plutôt que d'un pape : pour avoir mérité, de son vivant, que les anglois placassent son buste parmi ceux des grands hommes.

Cléobis & Biton, romains, tous deux frères :

pour leur tendresse envers [illegible] fille de Cimon.

Cleobule, l'un des sept Sages de la Grèce.

L. N. Clerambault, parisien : [illegible] habile, & homme de [illegible]

Clinias, père d'Alcibiade : pour [illegible] revivre l'hospitalité entre les Athéniens [illegible] Lacédémoniens.

O. de Clisson, breton, [illegible] pour ses talens militaires & sa [illegible]

Clovis II, roi de France ; il [illegible] les lames d'argent qui couvroient [illegible] Saint-Denis, pour remplir ses [illegible] service de ses sujets pauvres [illegible] le maître que le [illegible]

H. Cochin, parisien [illegible] [illegible]

Codrus, dernier roi d'[illegible] généreux dévouement [illegible]

J. Cœur, de Bourges, négoc[illegible] [illegible]

[illegible] B. Colbert, de Reims [illegible] [illegible]

Ph. Collet, avocat au parlemen[illegible] [illegible] l'ancienne académie : Collet en [illegible] [illegible]

[illegible] [illegible] [illegible] [illegible]

[illegible] Columelle, de Cadix [illegible] romain : pour avoir tourné ses conn[illegible] [illegible]

Frère Côme : pour avoir été utile dans une classe d'hommes qui ne l'étoient guères.

C. M. de la Condamine, parisien ; philosophe & savant aimable : pour son caractère, ses ouvrages, & pour avoir été l'apôtre & peut-être le martyr de l'inoculation.

Condillac : pour les services qu'il a rendus à la métaphysique.

Confucius, le plus grand des philosophes chinois... & son élève *Mencius*.

Connor, médecin & philosophe irlandois.

Constance I, surnommé *Chlore*, empereur : grand & bon prince.

Le capitaine Cook, le plus sage peut-être des voyageurs.

N. Copernic, de Thorn : pour son système astronomique renouvelé de Philolaus, & pour ses mœurs philosophiques qu'il ne devoit qu'à lui.

P. Corbulon, général romain, grand capitaine & guerrier humain : pour avoir mérité la haine de Néron.

D. de Cordes, conseiller au Châtelet de Paris, magistrat dont l'intégrité étoit tellement reconnue, qu'un homme condamné à mort, voulant en appeler au parlement, se soumit dès qu'il apprit que Cordes avoit été l'un de ses juges.

C. Coriolan, romain : non pour avoir pardonné à sa patrie ; il devoit la prévenir & ne point attendre la première de ses députations ; mais pour son amour filial.

Pierre Corneille, de Rouen : pour avoir fait pleurer le grand Condé à la représentation de *Cinna* : pour la hauteur de son ame ; & ses mœurs simples, &c.

Thomas Corneille, de Rouen : pour avoir fait *Ariane* : tous deux pour leurs qualités personnelles, pour leur intimité, malgré qu'ils fussent frères & poëtes courant la même carrière.

Cornelie, fille de Scipion, mère des Gracches : pour avoir eu toutes les vertus de son sexe.

Maximille Cornelie, vestale sous Domitien : injustement condamnée à mort ; comme elle descendoit dans le caveau, sa robe [illegible] pendue ; Cornelie se retourne & se [illegible] autant de tranquillité que de modestie, [illegible] vant jusqu'au dernier moment un [illegible] & calme. Ces détails seuls la justifient [illegible]

Cornutus, philosophe stoïcien, [illegible] frique, & précepteur de Perse, le poëte : pour avoir mérité d'être mis à mort [illegible] de Néron.

A. Allegri Corrège : pour son [illegible] son pinceau étoit celui des graces [illegible] faisante, toute sa vie [illegible] & particu[illegible] mort lui fut consacrée.

Cosme I, II & III, grands ducs de [illegible] pour avoir bien régné.

Ch. de Cossé, maréchal de Brissac : [illegible] capitaine & grand homme.

R. Coste, parisien, bon architecte : [illegible] talens & ses mœurs.

J. Coughen, ministre & philosophe : [illegible] pour avoir fondé les *pacificateurs*, société philosophique qui subsiste encore en Angleterre.

P. Emm.

P. Emm. Coulanges, parisien, conseiller au parlement : poëte & philosophe aimable.

Le président L. Cousin, de Paris : homme de bien ; littérateur estimable ; & modèle à proposer aux journalistes.

Nicolas & Guillaume Coustou, de Lyon ; frères ; & tous deux artistes célèbres.

A. le Couvreur, née à Fismes en Champagne ; & M. D. Champmeslé, née à Rouen : bonnes actrices.

A. Coysevox, sculpteur lyonnois : pour son talent & ses qualités personnelles.

Cratès, philosophe cynique : non pas à cause de la singularité qu'il affectoit quelquefois, mais pour son caractère vraiment philosophique.

P. J. Crébillon, de Dijon, poëte tragique : pour la vérité de son talent dramatique & pour la bonhommie de ses mœurs.

C. P. J. Crébillon fils, né à Paris : pour avoir connu & peint le cœur des femmes ; leur a-t-il rendu un grand service ?

Le brave Crillon......

R. Cromwel, fils d'Olivier C. : pour avoir mieux aimé se démettre du gouvernement que de régner par des assassinats ; & pour avoir préféré une vie obscure, mais paisible, aux honneurs de l'existence politique de son père.

J. Cujas, de Toulouse : célèbre jurisconsulte : pour avoir été le père de ses écoliers.

M. A. Curius-Dentatus, consul romain : pour ses vertus civiles & domestiques, qui surpassoient encore ses talens militaires.

Cynbas, philosophe & orateur ; ministre du roi Pyrrhus : pour les bons conseils qu'il donna à son maître.

Cynegire, soldat athénien, frère du poëte Eschyle ; pour sa bravoure inouie.

Cyrus, roi de Perse : non à cause de ses victoires, ce n'est que du sang de répandu ; mais pour sa continence envers la belle Penthée, & pour sa sagesse dans le gouvernement de ses Etats.

M. de Cyz, veuve de Combe, née à Leyde : pour avoir fondé la communauté du *bon Pasteur*, destinée aux filles repentantes.

D

Dacier, sa femme sur-tout : pour avoir eu l'érudition de son mari & toutes les vertus de son sexe.

A. de Chabanes, comte de Dammartin, capitaine plein d'honneur & de bravoure, sous Charles VII : pour avoir refusé courageusement au dauphin un assassinat.

Damo, fille de Pythagore : pour ses lumières, mais sur-tout pour avoir mieux aimé vivre indigente que de désobéir aux dernières volontés du philosophe, son père.

Damon & Pythias : philosophes pythagoriciens : pour leur héroïsme en amitié.

A. Danchet, né à Riom : pour avoir été véritable homme de lettres ; & sur-tout (ce qui en est la preuve) pour l'honnêteté de ses procédés envers un de ses rivaux qui l'avoit outragé : cela vaut bien une bonne pièce de théâtre.

Dante Florentin : grand poëte italien.

J. Davat, natif de la ville d'Eu, médecin philosophe : pour avoir préféré sa liberté à la place brillante de premier médecin de Louis XIV.

David, le plus grand philosophe de l'Arménie, au cinquième siècle : pour avoir été encore plus ami de la Vérité que de Platon & d'Aristote.

David, de Dinant, philosophe du treizième siècle, & disciple d'*Amauri*.

Demetrius de Phalère, philosophe, disciple de Théophraste, archonte d'Athènes : pour avoir mérité que ses concitoyens, heureux par lui, lui décernassent autant de statues d'airain qu'il y avoit de jours dans l'année, & pour ne s'être point démenti dans l'adversité.

Demetrius, philosophe cynique ; s'il a mérité l'éloge qu'en fait Sénèque.

Démocrite ; philosophe d'Abdère.

Demonax, philosophe crétois : pour n'avoir point adopté de sectes, & pour avoir choisi tout ce qu'il y avoit de bon dans chacune. V. Lucien.

Démosthènes, orateur d'Athènes : pour son éloquence patriotique.

J. B. Denisart, picard : pour avoir été procureur au châtelet, & avoir eu en même temps de la probité & des lumières.

R. Descartes, de la Haye en Touraine : son discours seul, *de la méthode*, lui mériteroit la reconnoissance de la postérité.

Et sa nièce Catherine Descartes...

A. Fr. B. DESLANDES, né à Pondichéri : bon philosophe, bon citoyen, bon littérateur.

J. B. R. P. DESPORTES, médecin breton : pour avoir vécu conformément à cette devise qu'il s'étoit choisie : *non nobis, sed reipublicæ nati sumus.* Il augmenta de plus de quatre-vingt lits l'hôpital du Cap dans l'isle de St.-Domingue.

Ph. Néricault. DESTOUCHES, né à Tours : pour ses mœurs & pour la moralité de son *théâtre.*

DIAGORAS, natif de Melos : philosophe.

DICEARQUE, de Messine : philosophe.

DICENÉE, philosophe égyptien : pour avoir donné des loix aux Scythes, & des mœurs à leur souverain.

DIDEROT, de Langres ; philosophe françois ; avec des restrictions, puisqu'il calomnia J. J. Rousseau.

DIGNA, femme d'Aquilée, en Italie : pour avoir, lors de la prise de cette ville par Attila, préféré la mort à la perte de son honneur.

C. V. DIOCLETIEN, empereur romain : pour les neufs dernières années de sa vie qu'il passa loin du trône.

DIOGÊNE, le cynique : non pas pour son cynisme.

DIOGÊNE, le babylonien : philosophe stoïcien.

DION, de Syracuse : pour avoir engagé Denis à faire venir en cour Platon ; & pour avoir délivré sa patrie d'un tyran que le philosophe grec ne put adoucir.

D. DODART, le père, de Paris ; médecin de Louis XIV : selon Gui-Patin, prodige de sagesse & de science, sans défaut; *monstrum sine vitio* : pour ses belles expériences pendant 33 ans sur la transpiration insensible.

J. DOMAT, de Clermont en Auvergne, avocat du roi : pour son intégrité & même pour quelques feuillets de son livre *des loix civiles*.

Zampien dit le DOMINIQUIN, bolonois : grand peintre, & cependant modeste.

DOMITIUS, grammairien sous Adrien : homme vertueux qui souhaitoit que les hommes perdissent le don de la parole, afin que leurs vices ne pussent pas se communiquer.

A. DORIA, grand homme génois : pour avoir refusé la souveraineté de sa patrie, satisfait d'en être le sauveur & le législateur.

J. DOUJAT, de Toulouse : savant estimable, modeste & désintéressé même à la cour.

J. DOUSA ou Vander-Doès, de Norwick : le Varron de la Hollande.

DRACON, législateur d'Athènes.

C. DRELINCOURT, ministre protestant, né à Sedan : pour sa modestie; il défendit en mourant qu'on fît son oraison funèbre.

H. DROUAIS, bon peintre normand : pour sa piété filiale.

J. B. DUBOS, de Beauvais; savant estimable : pour son livre *sur la peinture & la poésie.*

C. D. DUCLOS, breton : pour son caractère philosophique & pour quelques-uns de ses ouvrages, non pas son histoire de Louis XI.

J. DUMÉE, parisienne : pour avoir préféré, aux plaisirs d'une veuve de 17 ans, l'étude de l'astronomie.

J. E. Duranti, premier président du parlement de Toulouse : pour s'être opposé aux fureurs de la ligue; & avoir enrichi sa patrie de plusieurs établissemens inspirés par l'humanité : comme aussi pour avoir prié en faveur de ses cruels assassins.

A. Durer, de Nuremberg : pour sa découverte de l'art de la gravure; & sur-tout pour avoir été un second Socrate avec sa femme qui étoit une autre Xantippe.

E. Duval, de Mondrainville, négociant de Caen, sous Henri II : pour avoir, à ses risques, approvisionné Metz, assiégée par Charles-Quint.

E

G. Edelinck, d'Anvers, graveur : pour son grand talent & son assiduité au travail.

Edgar, roi d'Angleterre, dit *le pacifique*, & appelé aussi l'*amour & les délices des anglois* : bon prince; vainqueur des Ecossois; le sage Edgar n'imposa pour tribut annuel à la province de Galles qu'un certain nombre de têtes de loups, pour en dépeupler l'isle.

C. Elien : pour avoir écrit contre Héliogabale.

Ste. Elizabeth, fille d'André II, roi de Hongrie, & femme de Louis Landgrave de Hesse : pour avoir employé sa dot, sa vaisselle & même ses pierreries à nourrir les pauvres; qui la réduisirent à la mendicité.

Elizabeth d'Autriche, fille de l'empereur Maximien II, & femme de Charles IX, roi de France : l'une des plus belles personnes de son temps, & plus vertueuse encore que belle : pour avoir pleuré sur la nuit atroce de la Saint-Barthélemi.

Elizabeth, reine d'Angleterre, fille d'Anne de Boulen & de Henri VIII : avec beaucoup de restrictions.

Elizabeth, princesse palatine, fille aînée de Frédéric V, palatin du Rhin, élu roi de Bohême : pour avoir préféré la philosophie de Descartes, au trône de Pologne, & avoir converti une abbaye en école de carthésianisme, retraite ouverte à tous les savans de quelque secte qu'ils fussent.

Elizabeth-Pétrowna, surnommée *Clémente*, impératrice de Russie, fille du Czar Pierre I : pour avoir fait vœu de ne faire mourir personne tant qu'elle régneroit, & pour avoir tenu parole.

Paul Emile, le macédonique, général romain : guerrier sensible & philosophe stoïcien, tout à la fois, &c.

Empedocle, d'Agrigente, en Sicile ; philosophe & poëte.

Epaminondas, capitaine Thébain.

Epicharis, femme de basse naissance : pour s'être étranglée, après avoir souffert la torture, plutôt que de déclarer les complices d'une conjuration contre Néron.

Epictète, philosophe stoïcien, d'Hiérapolis, en Phrygie.

Epicure, né en Attique.

Epimenide, philosophe, né en Crète ; le septième Sage de la Grèce, à la place du tyran *Périandre*.

ERASISTRATE, fameux médecin, petit-fils d'Aristote : pour avoir banni de la médecine la saignée & tous remèdes violens, & l'avoir bornée aux moyens les plus simples, tels que la diète, &c.

D. ERASME, de Roterdam : grand homme pour son temps.

ESOPE : pour ses fables.

ESTURMEL : pour avoir sauvé Péronne, sa patrie, lors du siége qu'en fit faire Charles-Quint, en 1536.

La famille des ETIENNE, de Paris, les premiers imprimeurs du monde ; sur-tout Henri Etienne, né en 1528 : celui-là étoit philosophe, & le plus savant de tous.

EUCLIDE, d'Alexandrie, mathématicien philosophe.

EUDOXE, de Gnide : astronome, médecin & législateur.

(Athénaïs.) Ælia EUDOXIE, fille de Léonce, philosophe athénien, épouse de l'empereur Théodose, le jeune : pour avoir eu la solidité de notre sexe, sans perdre les graces du sien ; sur-tout pour sa généreuse vengeance envers ses frères ; & aussi pour ses talens.

Licinia EUDOXIE, la jeune, fille d'Athénaïs : pour ses vertus domestiques & conjugales.

EUDOXIE, veuve de l'empereur Constantin Ducas : grand prince sur le trône ; femme vertueuse & savante, hors du trône.

J. EVEILLON, savant chanoine d'Angers, sa patrie : pour sa belle réponse à ceux qui lui reprochoient de n'avoir point de tapisseries, & pour sa conduite en conséquence de cette réponse.

Euphène & Eucrite, philosophes pythagoriciens; avec Damon & Pithias : pour le même trait d'amitié.

Le prince Eugène, né à Paris: grand homme.

Eumène, capitaine grec, grand homme.

Euripide, de Salimine, grand poëte dramatique : son théâtre respire la plus belle morale.

Eurydice, femme illyrienne, proposée par Plutarque comme un modèle : quoique dans un pays barbare & dans un âge avancé, elle se livra à l'étude, non pour devenir érudite, mais afin de pouvoir instruire elle-même ses enfans.

St. Exupère, évêque de Toulouse : illustre par sa charité durant une grande famine.

F

Le maréchal Fabert, de Metz : vrai grand homme; véritable héros.

Ste. Fabiole, veuve, romaine : pour avoir été la première qui établit un hôpital de malades.

C. Fabricius, dit *Luscus*, consul romain : héros & grand homme.

J. A. Fabricius, de Leipsick : moins à cause de sa prodigieuse érudition, que par ce qu'il étoit doux, modeste & laborieux.

C. B. Fagan, de Paris, bon poëte comique : pour avoir eu à peu près le même caractère que celui *de la Fontaine*, & pour avoir fait la *Pupil.e.*

L. C. Fagon, premier médecin de Louis XIV,

parisien : pour avoir aboli les droits pécuniaires de sa charge, &c. homme de grand mérite.

Guill. de la FAILLE, de Castelnaudari : il arrêta sa plume à l'an 1610 des annales de Toulouse, s'abstenant d'écrire l'histoire des derniers temps dans la crainte d'être forcé de trahir la vérité.

C. FALCONET, de Lyon : pour son attachement aux mœurs simples de l'antiquité.

L. C. FALKLAND, vicomte anglois : à cause de son amour pour sa patrie & pour la paix.

L'actrice FAVART, d'Avignon : moins encore pour ses talens dramatiques que pour l'amabilité de son caractère, sa générosité peu commune, & sa philosophie douce.

G. du FAUR de PIBRAC, de Toulouse : pour ses *quatrains*, &c.

La comtesse de la FAYETTE, la bienfaitrice des gens de lettres de son temps (du Hâvre de Grâce) : pour avoir inspiré de la vertu à M. de la Rochefoucault qui, avant de la connoître, n'avoit que de l'esprit ; & pour avoir fait *la princesse de Clèves*.

A. FÉLIBIEN, de Chartres : sa probité fut sans reproches, si ses écrits ne le sont pas.

St. FÉLIX, prêtre de Campanie, sous Déce & Valérien : pour avoir mieux aimé labourer lui-même en paix le champ de ses pères qu'être évêque de Nôle.

FÉNELON, archevêque de Cambrai : né dans le Quercy.

P. FERMAT, conseiller au parlement de Toulouse : magistrat intègre & grand géomètre ; plus connu, s'il eût été moins modeste.

J. Fr. FERNEL, de Montdidier : bon médecin.

B. FERRACINO, né dans le Bassan : grand mécanicien, qui n'eut de maître que son génie.

O. FERRARI, de Milan ; moins pour ses connoissances dans l'antiquité que pour son caractère qui lui fit donner le surnom de *Conciliateur.*

D. J. de FERRERAS, savant curé & historien espagnol : pour avoir refusé, par amour pour l'étude, deux évêchés considérables.

N. le FEVRE, parisien : au milieu des fureurs de la ligue, à laquelle il ne prit aucune part, il continua de se livrer aux douceurs de l'étude.

Tannegui le FEVRE, né à Caën : pour ses travaux littéraires, mais sur-tout pour n'avoir pas craint de dédier à Pélisson, alors prisonnier d'état, son *Lucrèce* & son *Traité de la superstition*, par *Plutarque.*

A. le FEVRE, né à Troyes, neveu de la Motte-Houdart : pour avoir servi, avec une assiduité touchante, de secrétaire à son oncle aveugle.

C. FÉVRET, de Saumur : pour sa devise philosophique : — *Conscientia virtuti satis amplum theatrum est.*

A. FIZES, l'hyppocrate de Montpellier, sa patrie ; & pour la grande simplicité de ses mœurs.

N. FLAMEL, de Pontoise ; écrivain public à Paris : pour l'emploi qu'il fit de ses grands biens ; exemple à proposer aux riches parvenus.

FLECHIER ; moins pour son éloquence qu'à cause de sa conduite envers les protestans persécutés.

C. Fleury, de Paris : pour ses mœurs pures, son désintéressement ; &c. plus encore que pour son histoire ecclésiastique, &c.

J. de la Fontaine, de Château-Thierri ; le *fablier*.

B. de Fontenelle, de Rouen : sage digne de servir de modèle aux philosophes.

Le chevalier C. Forbin, de Paris : digne de l'estime de sa nation.

G. Foscarari, de Bologne, évêque de Modène : pour avoir, avec les épargnes de sa frugalité, fondé une maison de filles repenties ; & pour avoir vendu, dans un temps de calamité, jusqu'à sa crosse & son anneau.

A. de la Fosse, de Paris, neveu de C. la *Fosse*, bon peintre, aussi de Paris : pour avoir fait la tragédie de *Manlius* ; & pour avoir été, dans le cours de sa vie, plus philosophe que poëte, préférant les lettres à la fortune, & l'amitié aux lettres.

Madame Foucquet, mère du surintendant des finances : l'amie des pauvres, auxquels elle faisoit distribuer de l'argent & des remèdes, & pour lesquels elle composa *un recueil de remèdes faciles & domestiques*.

E. Fourmont, né à Herbelai, près Paris : savant estimable.

P. S. Fournier, de Paris ; artiste estimable : pour les services qu'il rendit à l'art typographique.

H. C. du Fourny, de la chambre des comptes de Paris : savant modeste.

J. Fracastor, de Vérone : poëte aimable.

dans le commerce de la vie, & rival des géorgiques de Virgile dans sa Syphilis.

C. Fr. FRAGUIER, de Paris : savant estimable.

A. H. FRANCKE, théologien allemand : non à cause de ses sermons fanatiques & autres ouvrages, mais pour avoir fondé à Halle la *maison des orphelins*.

FRANÇOIS de Lorraine, duc de Guise & d'Aumale, fils aîné de Claude de Lorraine, duc de Guise, né au château de Bar ; grand prince. Voyez sa belle conduite envers le baron de Lunebourg, & sur-tout celle envers le gentilhomme huguenot qui vouloit l'assassiner : il mérita le titre de *conservateur de la patrie.*

FRANÇOIS ROMAIN, dit le *frère Romain*, dominicain, né à Gand : pour avoir été à la fois moine & bon architecte, sous Louis XIV.

FRANÇOISE, femme de Pierre II, duc de Bretagne : modèle des épouses.

J. FREIND, bon médecin anglois : Voyez *Mead.*

N. FRÉRET, parisien : savant & philosophe...

G. FROMAGEAU, docteur de Sorbonne : non pour ses deux volumes de *décisions* de cas de conscience, mais pour son désintéressement ; il ne voulut accepter aucun bénéfice ; mais pour sa charité, il exerça long-temps & avec le plus grand zèle l'emploi d'assister les criminels à leur supplice.

M. C. FRONTO, rhéteur latin, maître de Marc-Aurèle : puisque son vertueux disciple lui fit ériger une statue & le nomma consul.

M. J. FRONTO, consul, sous Nerva : pour

avoir eu le courage, en plein sénat, de s'élever contre la trop grande facilité de l'empereur, qui se corrigea.

Walter Furst, suisse, du canton d'Uri : l'un des fondateurs de la liberté helvétique.

Ferdinand de Furstemberg, évêque de Paderborn, puis de Munster, né à Bilstein : pour avoir été le père de son peuple & le Mécène des gens de lettres.

G

C. Gadrois, parisien, bon chirurgien, & meilleur philosophe dans la pratique que dans la théorie : pour être mort d'une maladie contractée au service d'un hôpital de soldats pauvres.

St. Gaëtan, né à Vicence : pour avoir été le principal fondateur d'un ordre de clercs réguliers, consacrés à l'assistance des malades au lit de mort, & des criminels à l'échaffaut : les théatins auroient-ils égarés ou perdus les beaux titres de leur première institution ?

Mah. Galadin, empereur du Mogol; modèle pour les rois : ses sujets pouvoient avoir de lui deux audiences par jour; & afin que personne ne fût rebuté par ses gardes, il fit poser à la porte de son palais une clochette dont la corde répondoit à la rue; au premier coup de sonnette, l'empereur descendoit. Il mourut en 1605.

S. S. Galba : pour ce qu'il fut, avant d'être empereur : Galba fut grand, tant qu'il ne régna pas.

T. Gale, anglois; savant estimable.

J. Galeano, ſavant médecin de Palerme; ami des pauvres.

J. V. Galen, hollandois; grand homme de mer & bon patriote.

C. Galien, de Pergame; grand médecin.

Galilée Galilei, fils naturel de V. Galilei, noble florentin : grand aſtronome.

A. Galvano, fils naturel d'Edouard Galvano; né dans les Indes, gouverneur des iſles Moluques, recommandable par ſa bonté envers les naturels du pays, il dépenſa avec eux en quatre années 70000 cruſades : ce brave guerrier étoit digne d'une fin plus heureuſe. Il mourut dans un hôpital de Lisbonne, victime de l'ingratitude du roi, Jean III, dont il avoit augmenté les revenus de 500000 cruſades.

V. Gambara, née à Breſſe en 1485, mariée à un ſeigneur italien : pour ſes talens poëtiques, & ſur-tout pour avoir préféré les douceurs de la littérature aux plaiſirs du veuvage.

E. Garamond, pariſien; célèbre fondeur de caractères : pour avoir banni de l'imprimerie les formes gothiques.

J. Garcez, dominicain arragonois; premier évêque de Tlaſcala, au Mexique : pour ſon humanité envers les indiens, dont il fut le père, au riſque d'irriter contre lui le gouvernement eſpagnol.

S. Garth, médecin & poëte anglois : pour avoir fondé le *Diſpenſary*, appartement du collége médical de Londres, où les malades pauvres trouvent des conſultations gratuites & des médicamens à vil prix.

P. Gassendi, philoſophe provençal.

J. C. GAUSSEM & non *Gaussin*, parisienne : bonne actrice.

J. GAY, poëte anglois : le *la Fontaine* de l'Angleterre ; non par ses ouvrages qui ne sont cependant pas sans mérite, mais par son caractère.

J. GAZOLA, médecin de Vérone : pour avoir fait un traité italien, dans lequel il enseigne à se passer de médecin.

Le Court de GEBELIN, suisse : en reconnoissance de son livre du *monde primitif*.

N. GEDOYN, né à Orléans : pour ses traductions de Quintilien & de Pausanias ; & sur-tout pour avoir été d'une probité exacte, & avoir montré la candeur la plus aimable.

C. F. GELLERT, poëte allemand ; plein de douceur & de grace. Voyez ses fables.

GELON, roi de Syracuse : pour avoir fait insérer dans son traité avec les Carthaginois la clause qu'ils n'immoleroient plus leurs enfans, &c.

C. D. GENDRON, de Beauce, médecin oculiste : pour ses talens & ses vertus privées.

C. C. GENEST, parisien ; homme de bien & poëte estimable : pour sa tragédie de Pénélope.

E. Fr. GEOFFROY, parisien ; médecin d'une sensibilité excessive pour ses malades.

César GERMANICUS, bon prince, qui hérita du caractère & des vertus de sa mère Antonia, nièce d'Auguste : pour avoir refusé l'empire.

GESSNER : pour ses poësies pastorales ; production d'une belle ame.

[illegible] Zurich [illegible] Place de [illegible] & les services [illegible]

[illegible] anciens ; le [illegible] [illegible] indi- [illegible] place [illegible] [illegible] Ague- [illegible]

[illegible]

[illegible] qui font [illegible] [illegible] fous un de fes [illegible] que la vengeance le plus digne [illegible]

[illegible] par [illegible]

N. de St. [illegible]

[illegible]

fa [illegible] qui m [illegible]

[illegible]

son maître, il n [illegible]

[illegible]

aux hom [illegible]

eux-mêmes [illegible]

J. G. Graevius, saxon : pour avoir été à la [illegible] savant & homme aimable.

[illegible] Françoise Grafigny, de Nanci : pour elle-[illegible] autant & plus encore que pour ses écrits.

M. de la Grange, parisien : pour sa bonne [illegible] de *Lucrèce*.

[illegible] le Gras pour avoir institué, avec S. Vincent de Paule, les *Sœurs Grises*.

G. Grataroli, de Bergame : bon médecin, [illegible] d'une probité rigide.

[illegible] Gravesande, né à Bois-le-Duc : [illegible] philosophie bienfaisante autant que pour ses savans ouvrages.

[illegible], sénateur romain : pour avoir [illegible] être la victime de Caligula que [illegible] de Silanus.

[illegible], le Bolognèse, célèbre [illegible] : pour son talent, & plus encore [illegible] manière dont il obligea le gentilhomme [illegible] voisin.

[illegible], né à Delft : l'ami de Barnevelt, [illegible] de la liberté de son pays.

[illegible], né à Anvers : pour son désinté-[illegible] & la charité, vertus qu'il possédoit [illegible] degré que l'érudition & l'amour du [illegible].

[illegible] du Guay-Trouin, de Saint-Malo : pour [illegible] services qu'il rendit sur mer à sa [illegible], & pour avoir fait tomber sur S. Auban, [illegible] capitaine en second, une pension que le roi [illegible].

[illegible] B. comte & maréchal de Guebriant, [illegible] : pour les grands talens militaires qu'il consacra jusqu'au dernier jour, au ser[illegible] patrie ; & pour la générosité de sa cond[illegible] le général Bannier.

Fr. B. le GUERCHIN, grand peintre [illegible] moins pour son fier pinceau qu'il est [illegible] à tout le monde de le [illegible], que [illegible] vertus privées, que tout le monde [illegible] imiter.

B. du GUESCLIN, breton, [illegible] *Connétable* : grand homme.

[illegible] Jacques de la G[illegible] d'Auvergne [illegible] triotes.

T. S. [illegible] de biens qui, à la mort de [illegible] ses héritiers tout le bien [illegible] dont il [illegible] contrat de mariage [illegible] ses écrits.

Le GUIDE, bolonois, [illegible] peintre dans son atelier, [illegible] société.

Fr. GUICHARDIN, de [illegible] talens littéraires & ses qualités [illegible]

GUSTAVE I, Wasa, [illegible] le grand : rois de Suède.

H. L. HABERT, seigneur de M[illegible] seiller au parlement, de l'académie franç[illegible] avoir été l'ami bienfaisant & [illegible] Gassendi, auquel il procura une retraite[illegible] maison pendant sa vie, & un tombeau dans sa chapelle après sa mort.

[illegible] HACHETTE : pour avoir sauvé Beauvais, sa patrie, de l'invasion des Bourguignons, en [illegible].

[illegible] HALE, anglois, chef de justice de Charles II : pour l'intégrité de ses mœurs simples, & pour sa bienfaisance. Il donnoit la dixme de ses biens aux pauvres.

[illegible] G. HALLÉ, parisien, peintre estimable : [illegible] ses mœurs douces & pour son talent.

[illegible] HALLES, savant anglois : pour ses ouvrages [illegible] qui tous ont pour but le bien public, [illegible] ont mérité la reconnoissance de ses concitoyens.

[illegible] HALLEY, anglois savant : pour les services [illegible] belles découvertes en astronomie ren[illegible] la navigation, & pour les vertus privées [illegible] possédoit toutes.

J. B. [illegible] HAMEL, de Vire, en Normandie, [illegible] anglois, C. le S. prêtre : moins [illegible] connoissances en physique, que les [illegible] découvertes ont fait oublier, que [illegible] ses belles mœurs qui feront toujours un [illegible], il n'a point possédé un bénéfice dont [illegible] soit dépouillé en faveur de quelqu'un ; [illegible] une modestie rare. Voyez Fontenelle, éloge des acad.

[illegible] FR. HANDEL, célèbre musicien saxon : [illegible] ses talens, & la noble fierté qu'ils lui [illegible] ; pour avoir été généreux dans la [illegible], & n'avoir point oublié ses amis dans l'opulence.

[illegible] Achilles de HARLAY, parisien ; premier président au parlement : pour son intégr[illegible] pendant la ligue, digne des ancien[illegible] romains.

Nic. de HARLAY, de Sancy, sous [illegible] & IV : pour son [illegible] pendan[illegible]

Guill. HARVÉE, [illegible] démontré la circulation [illegible]

Ph. HECQUET, d'Abbeville [illegible] grand médecin dans la théorie, [illegible] médecin dans la pratique [illegible] tous les soins ; pour les ouvrages [illegible] bien digérés ; sur-tout pour [illegible] *l'indécence aux hommes à* [illegible] *gation des mères de nourrir* [illegible]

HÉLOÏSE ; à ce nom, [illegible] s'échappe du cœur le moins [illegible] souhaiteroit pouvoir [illegible] qui ne sont pas tous [illegible]

Jean-Claude Adrien & [illegible] vetius, parisiens : [illegible] du premier & *l'esprit* [illegible] mœurs douces & bienfaisantes [illegible]

J. HÉNAULT ou [illegible] philosophe.

J. HENICHIUS, professeur [illegible] pour avoir été un théologien mo[illegible]

J. HENNUYER, évêque de [illegible] Bourreau de Lyon) : pour s[illegible] avoir donné acte de son opposition [illegible] roi portant le massacre des [illegible] diocèse. Voyez le beau *drame* [illegible] Dans le même temps, un Bourreau [illegible] lors du massacre de la S. Barthélemi, [illegible]

[illegible] inhumains du gouverneur, en lui [illegible] qu'il ne travailloit que juridiquement.

[illegible] dit *l'Oiseleur*, empereur d'Allema- [illegible] bon prince, grand homme : pour avoir bien [illegible]

[illegible] IV, roi de France, avec restrictions.

[illegible] I, roi d'Angleterre, prince courageux & juste [illegible] aboli la loi du *couvre-feu*.

[illegible] de Lorraine, comte de Harcourt : [illegible] pour avoir, dans [illegible] affreuse, refusé quelques barils de [illegible] & qu'il envoya aux [illegible] blessés.

[illegible] MARIE de France : fille de [illegible] IV, roi de France, & reine d'Angleterre : [illegible] été digne de son père.

[illegible], philosophe grec.

[illegible], parisien, savant estimable : pour [illegible] la *bibliothèque orientale*.

[illegible], philosophe anglois, précurseur [illegible] & de Spinosa, dans la carrière du [illegible]

[illegible], épouse d'Hérode Antipas, pour [illegible] point voulu abandonner son mari dans [illegible]

[illegible], le père de l'histoire : pour avoir [illegible] chasser de sa patrie le tyran Ligdamis.

[illegible], parisien, héros & victime de l'amour [illegible], lors du siége de Paris par les [illegible], sous Charles le Gros.

[illegible], curé anglois, modèle des [illegible] la vie de cet homme de bien.

à la tête de son beau [illegible]
si bien traduit par les [illegible]

HÉSIODE, [illegible]
appliqua la poésie [illegible]

A. E. de Hanau, landgrave de Hesse [illegible]
femmes [illegible]
d'elle [illegible]

HIÉRON II, [illegible]

HIPPOCRATE, [illegible]

[illegible] & Philippe [illegible]
père & le fils [illegible]
savant estimable. [illegible]

T. HOBBES, philosophe [illegible]
citoyen, ami fidèle, [illegible]
phe [illegible]
qualités [illegible]
impies.

G. HOGARTH, [illegible]
négligé le méchanisme [illegible]
préféré le poétique [illegible]
servé les loix de la nature [illegible]
l'académie [illegible]

HOLBEIN.

R. HOOKE, anglois [illegible]
[illegible] mathématiciens [illegible]

HORATIUS COCLÈS.

HORACE, le poëte [illegible]

M. DE L'HOSPITAL, [illegible]
France.

M. Hurault de l'Hospital [illegible]
petit-fils & filleul du [illegible]
parrain.

Fr. HOTMAN, parisien, [illegible]
& savant estimable [illegible]

[illegible] HOUDART de la Motte, parisien : littérateur aimable.

[illegible] DES HOULIÈRES, parisienne ; & Antoinette-Thérèse, sa fille, pour ne pas la séparer de sa mère.

[illegible] HUET, de Caën ; prélat & philosophe pyrrhonien : pour son bon caractère, & pour son traité de la foiblesse de l'entendement humain.

D. HUME, philosophe & historien anglois.

C. HUYGHENS, de la Haye : savant estimable.

[illegible], savant anglois : pour son traité *de* [illegible].

[illegible], fille de Théon, philosophe d'Alexandrie ; [illegible] plus grande mathématicienne encore que son père : prodige de science, de beauté & de sagesse ; & digne d'une mort plus douce.

[illegible], athénien : bon patriote & bon orateur.

I.

Le pape INNOCENT XII, (A. Pignatelli) [illegible] consacré aux pauvres, qu'il appeloit [illegible] ce que la plupart de ses prédécesseurs [illegible] à leurs parens.

IPHICRATE, général des Athéniens, fils d'un [illegible], & grand homme.

[illegible] ISIDORE, évêque de Séville : pour avoir [illegible] pendant 40 ans le père des pauvres & le [illegible] des malheureux : cela vaut bien [illegible] de compilations théologiques.

[illegible], rhéteur athénien : pour avoir, à la mort de Socrate, porté le deuil aux yeux de ses concitoyens, ...

phe ; & encore, pour avoir pu...

taille de Chéronnée, ...

patrie, il mourut de ...

de manger pendant quatre jours ...

vaut bien ... harangues, ...

plus élégantes que celles d'...

I

JACQUES ... grandeur d'ame, son équité, ... courage ... toyen, un grand ... d'employer ... étoit ...

St. JEAN, dit l'Aumônier, ... à cause de sa ... signala surtout pendant la ... l'an 615, Alexandrie, dont il ...

St. JEAN de Matha, ... institué, de concert avec le ... de Valois, l'ordre ... rédemption des captifs ...

St. JEAN de Dieu, ... teur de l'*Ordre de la Charité* ... monumens de l'humanité ...

JEAN II, (Comnène) ... nople, surnommé *Kaloïean*, ... prince bienfaisant ...

JEAN III, (Ducas) ... avoir dit que *les dépenses d'un ... le sang du peuple* : & ... conséquence ...

Jean II, roi de Portugal, dit le *Grand* & le *parfait* : du moins il se montra jaloux de rendre les [illegible].

[illegible], d'Orléans, duc de Dunois, dit le [illegible] de la patrie : pour avoir été un second Duguesclin.

[illegible] d'Albret, mère de Henri IV : digne de son fils.

[illegible] président P. Jeannin, dijonnois : l'un du [illegible] nombre d'hommes qui font honneur à [illegible].

[illegible], surnommé *le Christ*, juif & fils de [illegible] en mémoire de sa conduite envers la [illegible] ; certes, le plus beau trait de [illegible].

[illegible] de Joinville, de la Champagne.

[illegible], chanoine de l'église de Paris, sa [illegible] laborieux ; observa un régime exact, [illegible] probité qui ne le fut pas moins.

[illegible] de Fleury, parisien ; avocat [illegible] estimable comme homme public [illegible] comme homme privé.

[illegible], né dans le Rouergue, avocat : [illegible] exact, & bon traducteur des [illegible] Marc-Aurèle : citoyen vertueux, phi[illegible] & sans affiche, savant & ne s'en [illegible] jamais faire.

[illegible]ston, infatigable naturaliste polonois.

[illegible]venet, de Rouen ; grand peintre : [illegible] son talent & pour lui-même.

[illegible] Jean, d'Autriche, fils naturel de l'empereur Charles-Quint : il avoit la valeur & le

génie de son père; [illegible]
l'humanité & la générosité.

Judacilius : pour avoir [illegible]
Pompée la ville d'Asculum, sa [illegible]
n'avoit pas voulu survivre à la [illegible]
concitoyens.

Julie, fille de Cornélie & de [illegible]
du grand Pompée : pour avoir été la [illegible]
femme de Rome, quoiqu'elle en [illegible]

Julien, empereur romain, né [illegible]
l'an 331; avec des restrictions : pour [illegible]
les *curiosi* qui étoient dégénérés [illegible]
délateurs; pour avoir remis [illegible]
partie des impôts; pour la générosité [illegible]
envers Théodate & l'évêque Maris [illegible]
pour sa continence; pour sa [illegible]
avoir été plus philosophe dans [illegible]
dans la théorie, &c.

Julius Canus, [illegible]
pour sa belle mort. Voyez [illegible]

A. de Jussieu [illegible]
les services qu'il [illegible]
nique.

D. J. Juvenal [illegible]
vigoureuses satyres [illegible]
rage de les diriger [illegible]
Domitien.

L. Juvenel de C[illegible]
littér[illegible] médiocre [illegible]
homme[illegible]

K

H. L. le Kain, [illegible]

J. Keith, ou milord-maréchal, écossois. Voyez son éloge, par d'Alembert.

T. [illegible] Kempis : digne par sa piété douce & [illegible] d'être l'auteur de l'*Imitation de J. C.*

[illegible], évêque de Bath, en Angleterre : [illegible] avoir fondé des écoles & secouru les pauvres ; & pour sa réponse au roi auprès duquel [illegible]

[illegible] Kepler : pour avoir découvert la *Régle* [illegible] son nom, & pour avoir été le maître [illegible] le précurseur de Galilée & de [illegible]

[illegible], écossois, archevêque de Dublin : [illegible]

[illegible] Kersey, poëte allemand : pour ses [illegible]

[illegible]gen, né à Oldensworth, dans [illegible] pour avoir voulu établir la secte [illegible]*cientieux*, c'est-à-dire, de gens qui ne [illegible] de suivre en toutes choses [illegible] la conscience & de la raison.

[illegible], peintre flamand : il fit plus [illegible] de beaux tableaux ; il métamorphosa [illegible]nis, près de Dunckerque, en terres [illegible] labours & aux pâturages.

[illegible], médecin, né en Westphalie : [illegible] exact & philosophe.

[illegible], né dans le Brandebourg, [illegible] du roi de Prusse : pour sa patience [illegible] & sa profonde sagacité en fait d'économie [illegible] ; pour ses expériences utiles sur l'[illegible], & pour les services qu'il rendit à l'agriculture.

J. Kyrle, homme bienfaisant, né à Rosse,

en Angleterre, pour [illegible]
500 guinées au plus; [illegible] bien [illegible]
beaucoup de *prêtres* [illegible]
pratiqua des chemins [illegible]
son canun; il entretint [illegible]
il dota des filles, il [illegible]
tillage, il soulagea [illegible]
appaisa les différens de [illegible]
temple. Voyez Pape.

[illegible]

Sapho françoise [illegible]
[illegible]

Lachanius, seigneur [illegible]
[illegible]
[illegible]
[illegible]
[illegible]
[illegible]
[illegible]
[illegible]
[illegible]
sophe [illegible]
[illegible]
droit, à O[illegible]
[illegible]
[illegible]

[illegible] Lamanon, [illegible]
de son amour [illegible]
le voyage de M. [illegible]

La marquise de L[illegible]
tendre, philosophe [illegible]

[illegible] pour son traité [illegible]

[illegible] docteur de Sorbonne, [illegible] pour sa charité envers les [illegible] & pour ses [illegible] elle respire autant que dans sa conduite.

[illegible] L[illegible], écossoise, pour son coura[illegible] à la reine Marie-Stuart, sa [illegible] à son mari ; & pour sa fermeté digne d'une romaine quand elle fut interrogée [illegible]

[illegible] LAMOIGNON, de Paris. Le [illegible] pour son intégrité le pré[illegible] du parlement de Paris, *idem.* [illegible] Paris, *idem,* & pour avoir [illegible]

[illegible] auvergnat, [illegible] le [illegible] pour avoir, [illegible] Saint-Barthélemi, sauvé, [illegible] à [illegible] pensans [illegible], & sur-tout pour son livre [illegible] [illegible] Languet [illegible] Mornai) [illegible] & il [illegible]

[illegible], peintre, bon [illegible] & homme de bien.

[illegible] au pays de Vaux [illegible] mauvais [illegible] d'une profonde misère.

Léon IV, pape, [illegible], digne de l'ancienne Rome.

[illegible] instituteur d'une congrégation, dont le but est de consacrer une [illegible] & [illegible] à l'instruction de la jeunesse.

[illegible] I, roi de Lacédémone, pour avoir défendu le détroit des Termopyles, avec 300 [illegible], contre l'armée des Perses, dix mille fois plus nombreuse.

[illegible], philosophe athénienne : elle eut [illegible] pour amans, & ses disciples pour amis.

[illegible], duc de Lorraine, fils de Charles V : [illegible] régna en conséquence de cette belle [illegible] qu'il avoit souvent à la bouche : Je [illegible] demain la souveraineté, si je ne [illegible] du bien.

[illegible], philosophe de Mitylène, au premier [illegible] de l'ère chrétienne : sa patrie fit [illegible] médaille en son honneur.

[illegible] magistrat estimable.

[illegible] maréchal de Lesdiguières, né [illegible] grand homme, mais avec des [illegible].

[illegible], philosophe grec, d'Abdère : disciple [illegible].

[illegible] de Pouilly, né à Reims : il ne [illegible] pas d'être savant, il fut encore bon [illegible] ; sa patrie lui doit des écoles publiques [illegible] & de dessin, des eaux salubres, des promenades agréables ; la mort [illegible] projetant des magasins de bled & [illegible] monumens utiles.

E

L. LEVRET, [illegible] *thelier*. Voyez ce dernier nom.

LIBANIUS, philosophe [illegible] pereur Julien ; [illegible] modèle [illegible] vivre dans les cours & à parler [illegible]

[illegible]

LINNÉ, grand botaniste [illegible]

[illegible]

LOCKE, [illegible]

LOCKMAN, [illegible]

[illegible] de guerre [illegible]

[illegible]

[illegible] pide, & littérateur délicat.

[illegible] penser ; femme [illegible]

[illegible]

[illegible] lui doit des écoles publiques.

[illegible]

plus célèbre, s'il [illegible]

[illegible] de compofer des chefs-d'œuvres.

[illegible] bon médecin, & le [illegible] des poëtes allemands : pour avoir eu [illegible] qui font aimer & refpecter.

[illegible] & fa fille Claude, dite la bonne reine ; Louis XII, le jufte, & le [illegible] roi de France : malgré les [illegible] qu'ils ont commifes ; mais quel prince, ou quel particulier oferoit leur jeter la première [illegible]

[illegible] dauphin, fils du grand dauphin ; à [illegible] de Beauvilliers & de Fénélon, [illegible] maîtres dont il fut l'ouvrage.

[illegible] dauphin, fils de Louis XV ; pour la belle leçon qu'il donna à fes enfans, quand on [illegible] & pour avoir pleuré [illegible] fur le champ de bataille.

[illegible] prince de [illegible] les [illegible] il développa dans plufieurs [illegible] de Henri III, [illegible] France ; princeffe fage autant que belle [illegible] à fon époux, quoiqu'elle [illegible] toujours [illegible]

[illegible] de Paris ; belle, [illegible]

[illegible] de LOUVRAY, né en Beauce : [illegible] d'un philofophe ftoïcien [illegible] Cordoue, en Efpagne [illegible] la liberté [illegible] des [illegible]

[illegible]

momus des philosophes.

J. Mabillon,

s'être

cerna de

au Levant : philo

prison pour examiner l'état des

N[illegible] Malebranche, philosophe parisien. . . .

M. Malpighi, né près de Bologne, médecin savant & [illegible].

[illegible], prince & sage indien. Voyez [illegible] d'Alexandre le Grand.

B. Mandeville, médecin & philosophe hollandois.

E. Manfredi, bolonois : astronome, poëte & homme estimable.

[illegible] Mangot, l'avocat général du parlement de Paris, non pas *Claude*, son frère, le [illegible] : magistrat intègre, bon citoyen ; [illegible] tous les ans aux pauvres la dixme de [illegible] ; les troubles de sa patrie abrégèrent ses jours.

[illegible] Torquatus, consul romain, fils de [illegible] : pour son action de générosité [illegible] père ; c'est lui qui fit donner une [illegible] vainqueur, [illegible].

[illegible], né dans la Marche d'Ancône, [illegible] pour avoir [illegible] grand talent [illegible].

Marc-Aurèle Antonin : empereur phi[illegible]

[illegible] II, pape estimable, ennemi du népotisme.

[illegible], veuve ; digne d'avoir l'empereur [illegible] pour frère.

[illegible] d'Écosse, l'épouse de Louis XI, [illegible] : pour le chaste baiser qu'elle donna à l'éloquent Alain Chartier.

MARGUERITE de Valois, ... reine de Navarre; pour avoir ...

MARGUERITE de ... & femme d'Emin. ... pour avoir mérité qu'on la nommât ... *peuples*.

MARIAMNE, épouse ... belle, malheureuse & ...

MARIE d'Anjou, femme ... roi de France: modele des ... connut du mariage que les ...

Ch. de MARILLAC ... pour sa belle ... qui le firent mourir de ... été l'ami intime du ...

P. MARIVAUX, ... personnelles ... pour ses ...

Cupidon ... *Fontaine des philosophes*.

... MARLBOROUGH, ... pour ses ... qualités militaires ... rature.

Fr. M. de MARSY, ... parisien; pour son ... de Bayle.

MARTIA, fille de Caton d'Utique ... Porcie; digne de ses parens.

St. MARTIN, né à Sabarie ... il coupa en deux son vêtement ... pauvre.

D. MARTIN, né à Revel, diocese de ...

pasteur protestant à Utrecht : savant estimable, & ministre vertueux.

G. Martin, libraire de Paris : modele à proposer à ses confreres, pour ses lumieres & sa probité.

Marulle, poëte penseur.

M. Martinozzi, niece du cardinal Mazarin, épouse du prince de Conti : pour avoir consacré en restitutions 800 mille livres, du bien que lui avoit laissé son oncle.

[illegible], de Nismes : grammairien philosophe.

J. Mascaron, de Marseille, évêque d'Agen : [illegible] pour son éloquence que pour sa charité ; l'*hôpital* qu'il a fondé est un monument qui vaut bien les *oraisons funebres*.

G. Massieu, de Caen : savant & homme [illegible].

J. B. Massillon, provençal, évêque de [illegible] quelque chose de plus encore [illegible] orateur ; il fut modeste & bienfaisant.

[illegible] Maupertuis, de St. Malo ; avec des [illegible].

[illegible] Mauriceau, chirurgien de Paris : homme plus utile & plus estimable que le précédent, quoique bien inférieur peut-être quant au génie : pour sa probité & les services qu'il rendit à l'art des accouchemens.

T. Mayer, né au duché de Wirtemberg : bon astronome & homme de bien.

R. Mead, anglois : bon médecin & homme de bien.

C. C. Mécene : non pas seulement pour avoir mérité de donner son nom à tous les protecteurs éclairés & délicats des lettres; [illegible] pour avoir, par ses conseils, [illegible] fautes à Auguste.

St. Médard, évêque de Noyon, [illegible] institué la fête de la [illegible] patrie.

Côme, Laurent & Jean de Médicis, [illegible] des lettres, comme Mécène, & [illegible] souverains.

A. de Melchtal, né au canton [illegible] avec Guill. Tell, &c. [illegible] principaux auteurs de la liberté [illegible]

Melissus, de Samos, [illegible]

J. de Melville, [illegible] quoiqu homme du monde [illegible]

Ménandre, poëte [illegible] avoir mis plus de [illegible] son théatre qu'*Aristophanes.*

J. de la Noë Ménard, du [illegible] d'abord avocat, ensuite [illegible] de goût par son éloquence, [illegible] bien par ses vertus; pour avoir [illegible] rétiques, plus par la sagesse que par [illegible] tirés assez ordinairement [illegible] tout pour avoir fondé une maison [illegible] destinée aux filles égarées.

Manasseh-Ben-Israel, célèbre [illegible] tugais, de la secte des pharisiens, [illegible] bité rare, & pour son caractère [illegible] le fit estimer également des [illegible] Juifs.

Menedème, philosophe grec, [illegible]

E. Merlat, né à Saintes, [illegible] religion réformée; il étoit si charitable [illegible] régaloit jamais ses amis, sans destiner une pareille somme pour le soulagement des pauvres.

M. Mersenne, né dans le Maine, minime ; modèle à proposer à ses frères ; il étoit ami du travail [illegible] point ambitieux.

[illegible] Mervesin, religieux, mort en 1721, à [illegible], de la peste qu'il avoit contractée en [illegible]ant au service des malheureux atteints de cette contagion.

[illegible]er, curé du village d'Etrepigni, [illegible], fils d'un ouvrier en serge du [illegible], mort en 1733, à 55 ans ; modèle des curés, pour ses mœurs pures, & [illegible], donné tous les [illegible] de sa paroisse ce qui lui restoit [illegible] revenu. [illegible] une si belle vie, qu'im[illegible] qu'on publia de [illegible] sa mort.

[illegible] Mesmes, né en Guienne, premier [illegible] du parlement de Normandie ; pour [illegible] la charge d'avocat général au parle[illegible], dont on vouloit dépouiller [illegible] la faveur ; & pour avoir mené toute [illegible] une conduite telle qu'on étoit en droit de [illegible] après un refus aussi généreux.

[illegible] Mesmes, frère du précédent, comte [illegible] ; pour avoir porté la probité au point [illegible] les cours où il négocioit, sa parole va[illegible]ment.

[illegible] du Mesnil, de Paris ; bon citoyen, [illegible] 1569, de douleur, en voyant les [illegible] qui déchiroient sa patrie.

[illegible]us, savant Suédois : pour s'être occupé, dans la prison perpétuelle où l'envie le fit renfermer, l'élever [illegible] de son pays qui [illegible] Voy. [illegible] *Scandia illustrata.*

C. Barbier du Metz, né à Rosn[illegible] pagne, lieutenant général de l'a[illegible] armées de Louis XIV [illegible] fectionné la tactique [illegible] toujours que trop; mais [illegible] hommes les plus bienfaisans [illegible] que l'état militaire ait produits.

Mézeray: pour [illegible] qualité d'un historien [illegible]

J. Michel, né [illegible] tenberg [illegible] en estampes [illegible]

M. [illegible] & au-dessus de Lucrèce.

J. B. de M[illegible] perpétuel de l'académie [illegible] blée la société à plus [illegible] prouvé que bons écrivains [illegible]

Le marquis de M[illegible] fière sa plume [illegible]

M. Bonneau, dame de M[illegible] pour ses belles fondations [illegible] elle embrassa par goût [illegible] coup d'autres embrassent par [illegible] monde qui les quitte.

E. le Moine, né à Caen [illegible] religion R.: moins pour ses con[illegible] les langues & dans la [illegible] candeur, son désintéressement & [illegible] bienfaisantes.

[illegible] MOLÉ, né à Paris, premier pré[illegible] au milieu des barricades il se montra plus [illegible] peut-être en faisant ouvrir les portes de [illegible]tel, que le grand Condé à la tête des [illegible]

[illegible] MOLIÈRE, de Paris.

[illegible] MOLSA ou MOLZA, dame italienne, [illegible] François Marie *Molsa*, de Modène; [illegible] de talent mais plus de vertu que [illegible] Artemise.

[illegible] MOLYNEUX, savant de Dublin : pour ses [illegible] & la probité qui lui méritèrent l'amitié [illegible]

[illegible], duc d'Albe-Marle : pour avoir su [illegible] la politique la plus déliée avec la plus [illegible] & pour les services qu'il rendit [illegible]ence à l'Angleterre, sa patrie.

[illegible] R. de MONCRIF, parisien : moins pour [illegible] petits ouvrages que pour ses qualités [illegible] demanda à suivre un célèbre ministre [illegible] 1757.

[illegible] de la MONNOYE, de Dijon : pour ses noëls [illegible]

[illegible] de MONTAIGNE, périgourdin.

[illegible] MONTALEMBERT, né en Poitou : humain, [illegible] généreux; il vendit sa vaisselle pour [illegible] son armée; il sauva de la fureur [illegible] les femmes & les filles d'Ambleteuse, [illegible] qu'il prit d'assaut.

[illegible] de MONCALM, né dans le Rouergue, brave & modeste, bon patriote & homme de bien, ami de l'étude & des lettres.

L'épouse de M. [illegible] pour ses vertus & sa modestie, [illegible] & pour ses talens.

MONTESQUIEU, né près Bordeaux [illegible]

B. de MONTFAUCON, du Languedoc [illegible] dictin ; homme estimable [illegible] sa féconde érudition.

François de MONTMORENCY [illegible] François de MONTMORENCY [illegible] le père & le fils : tous deux [illegible] tous deux magistrats intègres.

La famille de MONTMORENCY [illegible]

Pierre-Rémond de MONTMORT [illegible] l'académie des sciences [illegible] bien.

D. G. MORHOF, né à Wismar [illegible] rieux : pour avoir eu [illegible] la devise qu'il se choisit [illegible] diante.

B. MORLEY, de Sevilly [illegible] pour avoir été tout à la fois [illegible] modeste.

Philippe de MORNAY, né [illegible] Normandie : le plus vertueux [illegible] homme que le calvinisme ait produit [illegible]

T. MORUS, né à Londres [illegible] d'Angleterre : & Marguerite, sa fille [illegible] son père.

Fr. la MOTHE-LE-VAYER, né [illegible] sophe sceptique & rassemblant [illegible] par ses opinions & par ses mœurs [illegible]

[illegible] Moyse, écrivain anglois : défenseur de la liberté.

S. Munster, né à Ingelheim, cordelier, [illegible]tien, le Strabon de l'Allemagne : pour sa probité & son désintéressement, plus que pour son érudition.

L. A. Muratori, né dans le Modenois, savant & homme estimable.

[illegible] Musitan, médecin calabrois : il [illegible] espèce d'hémorroïdes : & de [illegible].

[illegible] Musonius-Rufus, philosophe stoïcien : [illegible] mérita d'être envoyé en exil par Néron, [illegible] être rappelé par Vespasien.

P. Musschenbroeck, de Leyde : bon physicien dans ses écrits, & non moins bon philosophe dans ses mœurs.

[illegible] Mutius Scævola.

[illegible] né à Paris, savant mathématicien [illegible] l'égalité de ses mœurs, & son zèle [illegible] sciences & [illegible].

[illegible]

N

[illegible]

[illegible], parisien : modèle à proposer aux [illegible].

[illegible], Charles & François de Neufville, [illegible] de Villeroy : tous trois, l'aïeul, le père [illegible] modèles des bons citoyens, tous trois [illegible]-honnêtes-hommes.

Isaac Newton : philosophe dans la pratique

[illegible] dans la théorie [illegible]
peu d'hommes ont menée.

Pierre NICOLE, né à Chartres [illegible]

[illegible] de P[illegible] le [illegible]

B. [illegible] homme [illegible]
plus homme de bien encore.

C. Pesc. Justus N[illegible]
pour la bonne [illegible]
célébrer, par un panégyrique [illegible]
lui [illegible]

[illegible] N[illegible] R [illegible]
[illegible] Lisez *[illegible]*.

P. C. N[illegible] de la [illegible]

[illegible]

[illegible]

[illegible] personnage de [illegible]

[illegible]
physicien & honnête homme [illegible]
encore.

[illegible]

générosité; [illegible]
à l'humanité que la [illegible]
la mort de Baudouin, [illegible]
tirer avantage.

Al. NORMA [illegible]
pour les avocats.

[illegible]

[illegible]

[illegible], autant estimable, & par-dessus tout cela, honnête homme.

[illegible] de N[illegible]s, d'Avignon, la dame de [illegible]que : vertueuse autant qu'aimable.

[illegible] Pompilius.

O

[illegible] OBREGON, espagnol : pour avoir institué [illegible] infirmiers, appelés *Obregons*.

[illegible] Lucanus, philosophe grec [illegible]

[illegible] OCTAVIE, sœur d'Auguste, épouse de Marc [illegible] d'une beauté rare & d'un plus [illegible] pour sa conduite généreuse [illegible]

[illegible] de S. Amand, chevalier françois : [illegible] & mourir [illegible] du duel, même [illegible]

[illegible] OLIVIER, parisien, chancelier de [illegible] honnête homme [illegible] de son amour pour la justice

intègre

Fr. G. d'Orléans, d'Amiens, prélat vertueux ; pour n'a[illegible] approché de la cour, & n'avoir vu [illegible] qu'une seule fois : pour n'avoir été [illegible] maître de ses revenus, dont les [illegible] les usufruitiers : pour être [illegible] [illegible] su concilier un caractère aimable [illegible] solides qualités.

[illegible]

les successeurs, lors de leur av[illegible]

[illegible]

[illegible] du Juge pour son [illegible] & [illegible]
[illegible] bon [illegible]
[illegible] homme [illegible]

[illegible] de Rome & [illegible]
[illegible] de son [illegible]
[illegible] & pour [illegible]

[illegible] des [illegible]

[illegible] les [illegible]

[illegible] de l'[illegible]

[illegible], maistre d'Appelles ; pour avoir [illegible]

les mœurs & les talens.

G. Et. Parrain [illegible]
la Fontaine du Vau[illegible]
probité, le même désintéressement [illegible]
douceur de mœurs & [illegible] philosophi[illegible]

Panœtius, philosophe [illegible]
stoïcien & ami de Scipion [illegible]

L'esclave de Pa[illegible]
jusqu'à l'héroïsme, la fidélité [illegible]

Nicolas, & sur-tout Denis Papin, [illegible]
[illegible] célèbres [illegible]
[illegible]
tendu réformé [illegible] le premier [illegible]
[illegible] des fontaines [illegible]
[illegible]
les os [illegible]
d'une si grande épargne dans [illegible]
bien dans [illegible]
[illegible]

[illegible] Fabre [illegible]
[illegible]
[illegible]
avoir mérité [illegible]
[illegible]
[illegible]

[illegible] Masso[illegible]
[illegible]
[illegible]
pour [illegible]
nom [illegible]

A. de P[illegible]

[illegible] d'Ufés, de l'académie des sciences : bon [illegible], ami du bien public.

[illegible] PARÉ, de Laval, au Maine : chirurgien & [illegible] estimable.

A. PARENT, parisien, de l'académie des sciences : il avoit un grand fond de bonté, [illegible] l'agréable superficie ; l'inverse de [illegible] phrase caractérise beaucoup de gens plus [illegible] que *Parent*.

[illegible] PARIS, le fameux diacre, de Paris, [illegible] au parlement) faisoit des bas au mé[illegible] les pauvres du fauxbourg Saint-Marcel. [illegible] encore mieux que de faire des miracles [illegible].

[illegible] PARISIERE, de Poitiers, [illegible] pour sa modération envers les [illegible] pour avoir appuyé par son propre [illegible] qu'il prêchoit ; pour avoir été [illegible] orateur ; & pour avoir [illegible] l'allégorie du bonheur & de l'ima[illegible] qui se trouve dans le recueil des œuvres [illegible] Bernard, & qui vaut mieux [illegible] ses sermons, panégyriques, &c.

[illegible] général des armées d'Alexandre [illegible] brave capitaine, homme généreux & [illegible] pendant la paix, ami des grands, cher [illegible] à ceux qui hantent les princes : [illegible] fit massacrer le père & le [illegible] fils.

[illegible] DE PARTHENAY (& ses deux filles) [illegible] du vicomte de Rohan II : modèle pour [illegible] & les mères ; elle inspira à ses enfans les sentimens d'héroïsme & de magnanimité,

dont elle [illegible]
Anne, au siége de la [illegible]
autre fille [illegible]
à Henri IV, qui ne fut pas [illegible]
Grand.

Bl. PASCAL, né à C[illegible]
[illegible]
[illegible]
mais pour tout ce qu'il [illegible]

Et. PASQUIER, [illegible]
[illegible] de ses mœurs.

[illegible]

Dom. P[illegible]
[illegible]

[illegible]

POMPEY[illegible]
philosophe [illegible]

[illegible], femme de l'empereur Maximin I : d'une beauté parfaite, d'une douceur plus grande encore, pour avoir calmé souvent les fureurs de [illegible] qu'une autre auroit peut-être partagées : on ne sauroit faire sonner trop haut ces sortes d'exemples si rares.

N. C. [illegible] de PEIRESC, provençal : pour les services qu'il a rendus aux lettres & aux gens de lettres ; ce particulier mériteroit de servir de modèle [illegible] princes dans l'art des Mécènes

[illegible] PELLEGRIN, de Marseille : mauvais [illegible] il ne travailloit que pour soutenir [illegible] à laquelle il sacrifioit quelquefois son [illegible] mauvais poëte, mais modeste, simple, [illegible].

[illegible]LISSON, *fontanier* de Béziers : désinté- [illegible] des trésors de Fouquet, rien ne [illegible] sa fidelité à son patron disgracié : [illegible], chefs d'œuvre d'éloquence, ne sont [illegible] honneur à son cœur : parfait honnête [illegible]

[illegible], de Leipsick, ministre pro- [illegible] pour le bien qu'il a fait, & pour son [illegible] Cafés.

[illegible] épouse d'Ulisse : si sa fidelité con- [illegible] & le beau caractère que lui donne Homère [illegible] Odyssée ne sont point des fables.

[illegible], né à Londres : non pour avoir [illegible] Quaker, mais comme fondateur de Phila- [illegible] & législateur de la Pensilvanie.

[illegible] L. C. PERAU, diacre de Paris : littérateur [illegible] parfait honnête homme.

[illegible] de B. de PEREFIXE, originaire de Poitou,

parisien : homme doux jusqu'à ... archevêque de Paris.

J. B. Pergolese, célèbre compositeur ... litain.

Claude & Charles Perrault, ... nés à Paris ; tous deux pour leurs ... & pour les services qu'ils ont rendus ... aux arts, & même aux belles-lettres ...

A. Perse, chevalier romain ... le poëte de la vertu & le fléau du ...

B. Peruzzi, peintre & archi... pour être mort pauvre par modestie ... de cette vertu si rare dans ... empêchoit Peruzzi de demander ... grands talens.

G. E. Pesselier, parisien ... diocre, mais bon citoyen ... généreux, d'un caractère ... qui peut-être sacrifia une ... au desir de se rendre utile à sa ... amis.

Fr. Petit Delacroix, bon ... trait rare de fidelité & de dé... du traité de Louis XIV, avec ... il étoit l'interprète pour le roi ...

S. Petit, de Nîmes, ... pour sa modération ; qualité peu ... un théologien.

J. L. Petit, parisien : pour ... nouveaux instrumens servant à ... chirurgie : & encore pour son talent ... sa sensibilité envers les pauvres ...

Fr. PÉTRARQUE (avec Laure de Noyes) né à Arrezzo : outre son talent, il fut fidèle à l'amitié & plein de droiture au milieu des [illegible] de la cour.

PÉTRONE Arbiter, né aux environs de Marseille, consul : non pour sa vie, mais pour sa mort.

Isaac la PEYRÈRE, de Bordeaux : s'il n'eût point de religion, du moins s'il vécut assez indifférent sur ce chapitre, il eût les mœurs belles.

F. de la PEYRONIE, pour avoir été le bienfaiteur des chirurgiens & des pauvres.

PHÉDON, philosophe grec, avec Socrate : pour avoir, comme son maître, borné la philosophie à la morale.

[illegible], pour ses *fables*.

[illegible] B. PHELIPEAUX, évêque de Riez, digne [illegible] pour s'être contenté de son évêché, [illegible] par son mérite, le permuter contre un [illegible] & plus près de la cour : & pour [illegible] le bien dans l'obscurité & sans faste.

PHILOPOEMEN, général des Achéens : il prit [illegible] pour modèle, & mérita d'en servir [illegible].

PHILOXÈNE, de l'isle de Cythère : pour avoir [illegible] à la cour & point flatteur : *qu'on [illegible] aux carrières...*

PHOCION, athénien ; grand homme, plus [illegible] peut-être que Socrate. N'oublions pas la [illegible] athénienne, qui lui donna pour sépulture son propre foyer.

PIBRAC : quand ce ne seroit que pour les deux

premiers vers du quatre [illegible]
trains : *Je hais ces* [illegible]

St. Pierre [illegible]
avoir institué l'ordre de la [illegible]
teur des Mathurins [illegible]

P. Pigray, de [illegible]
A. Paré, son [illegible]

Pilpay ou [illegible]
mosophiste & [illegible]

Pindare, de Thebes [illegible]

G. du Pineau, d'A[illegible]
d'Angers, [illegible]
n'avoit cessé d'[illegible]
Marie de Médicis [illegible]

J. V. Pinelli, [illegible]
zèle rare pour les [illegible]
personnelles que [illegible]
possédoit.

A. du Pinet, [illegible]
Noroy [illegible]
ajouté à sa traduction [illegible]
de Rome, mais pour [illegible]
sa *traduction de Pline* [illegible]

J. Pinon, conseiller au [illegible]
sa patrie, bon magistrat [illegible]
poëte latin : pour avoir [illegible]
première fonction, [illegible]

Al. Piron, de D[illegible]
l'oncle & le neveu, [illegible]

Christine de Pisan, [illegible]
erologue de ce nom [illegible]
& pour avoir écrit en [illegible]
du roi Charles V, le [illegible]

[illegible] général vérmich, grand homme : pour [illegible] conservé aucun ressentiment de l'in- [illegible] qui l'avoit servie, même après [illegible] lui.

[illegible] , premier chirurgien de [illegible] avoit de ses biens, acquis par [illegible] en le collége des [illegible] de Paris.

[illegible] François Pithou, nés à Troyes en [illegible] deux bons citoyens, bons ma- [illegible] les.

[illegible] des sept Sages de la Gréce : [illegible] la patrie, il la gouverna [illegible] lui donna des loix sages [illegible] le dernier endroit de la [illegible] du grand fond de terre, qui on [illegible] reconnoître ses services, il accepta [illegible] trouva compris à la portée de son.

[illegible] romain : pour son trait de [illegible] dignes d'un sol [illegible].

[illegible] Bréhan, de Pielo, colonel ; avec [illegible] héroïsme de sa mort.

[illegible] du Plessis Richelieu ; arche- [illegible] frère du trop fameux cardinal : [illegible] préféré les devoirs de son état aux [illegible] de la cour : pour n'avoir point aban- [illegible] son troupeau pendant la peste de 1628 : [illegible] pour avoir mené une vie conforme [illegible] qu'il se fit à sa mort.

Ca. Pline, d'encien [illegible]
l'historien & le martyr de [illegible]

Ca. Pline le jeune [illegible]
dent & digne d'en avoir [illegible]

Plotin, né à Lycopolis [illegible]
platonicien [illegible]

Plotine, Pompeia [illegible]
Trajan : pour s'être [illegible]
époux. [illegible]

A. Pluche [illegible]
que grand naturaliste [illegible]
leçons de vertu dans [illegible]
les ouvrages. [illegible]

Plutarque [illegible]

F. [illegible]
Louis XV [illegible]
l'avoir jamais [illegible]

La vertu [illegible]
asyle destiné aux filles pauvres [illegible]
la chasteté courroit des [illegible]

Polemon [illegible]
venu par le philosophe [illegible]
d'exemple à ceux qui veulent [illegible]

G. Polenus [illegible]
& honnête homme [illegible]

C. A. Pollion [illegible]
poëte & philosophe [illegible]
à Rome une bibliothèque [illegible]
sont les livres qui ont [illegible]
de 1784. [illegible]

R. Polus ou Pool [illegible]
béri, prélat accompli [illegible]
dans l'affaire d'Anne de [illegible]
& sa douceur dans les affaires de [illegible]

son [illegible]ement & sa charité, & mille autres belles [illegible] qu'il les avoit presque toutes. [illegible] de Mégalopolis; bon citoyen, homme recommandable.

[illegible], peintre grec; pour son talent [illegible], & pour son désintéressement non moins [illegible].

[illegible], philosophe de Mantoue.

POMPONIUS LÆTUS, philosophe calabrois.

[illegible] de Ponz, en ce temps-là [illegible] [illegible] pour avoir eu la force, pen[illegible] [illegible] à Henri IV.

[illegible] de [illegible], poëte anglois; avec [illegible].

[illegible] des PORCELLETS, seigneur d'Arles; pour la [illegible] probité, la sagesse & la douceur de son [illegible] qui lui racheterent la vie [illegible] aux vêpres siciliennes; il y fut le seul [illegible] renvoyé chez lui.

[illegible], fille de Caton d'Utique, & femme [illegible] de son pere & de son mari.

[illegible], normand; pour avoir mérité [illegible] mise au bas de son portrait.

[illegible], philosophe platonicien, né à [illegible] avec Plotin, son maître; sur-tout pour [illegible] la veuve d'un de ses amis, afin [illegible] de faire du bien à sa femme [illegible].

[illegible] d'ORLÉANS, de Chartres; pour l'aimable [illegible] de ses poësies tendres; c'étoit l'ami bien[illegible] des lettres.

[illegible], roi des Indes; pour sa valeur & la [illegible] de sa réponse à Alexandre.

[illegible], philosophe d'Alexandrie, contem-

[illegible] d'Augustin, les [illegible] *électiques* [illegible] le [illegible] ne [illegible] aucune secte.

[illegible] moins [illegible] de conciliation [illegible]

Fr. [illegible] modele [illegible]

[illegible] vice des [illegible] appel [illegible]

[illegible] & [illegible] d'yeux [illegible] les [illegible]

Nic. le Poussin [illegible] Raphaël de la France [illegible] niveau de longueur [illegible]

Cl. du Prel [illegible] Lyon, sa patrie [illegible] philosophie dans l'étude [illegible]

S. de Prestre [illegible] Paris, pour lesquelles [illegible] projets patriotiques [illegible] les talens & ses travaux [illegible]

A. Fr. [illegible] des restrictions pour plusieurs [illegible]

& [illegible] pour nous avoir fait jouir de ceux de l'[illegible] Richardson.

[illegible] A. V. PROBUS, empereur romain : pour avoir mérité dans toute son étendue la belle épi[illegible] l'armée même, qui s'étoit révoltée [illegible], [illegible] monument qu'elle lui érigea.

PROTOGENE, grand peintre, de l'isle de Rhodes : pour son grand talent & l'élévation de sentimens ; il fut l'ami intime d'Appelles, qui seul pouvoit être son rival.

[illegible], esclave & poëte, natif de [illegible] les belles sentences.

[illegible], parisien, conseiller, clerc au parlement, abbé de St. Léonard ; homme de bien : [illegible] contenté d'un seul bénéfice, dans un [illegible] où l'on pouvoit en accaparer plusieurs.

[illegible] PUFFENDORFF, né en Misnie : pour ses [illegible] autant que pour son érudition ; [illegible] à la cour sa droiture & sa véracité.

[illegible] famille du PUY, parisienne, alliée au [illegible] de Thou, a produit des citoyens re[illegible]bles.

[illegible]AGORE, de Samos...

[illegible], savant philosophe de Marseille.

Q

[illegible] QUESNAY, médecin & fondateur des [illegible] : pour sa *phisiocratie.*

[illegible] du QUESNE, normand, général des [illegible] navales de France : pour avoir allié en [illegible] qualités qui se trouvent rarement en[illegible] : l'héroïsme militaire, la sensibilité & la [illegible].

Ph. Quinault, poëte aimable, [illegible]

L. de la Quintinie, né [illegible] les fermiers qu'il [illegible] au jardinage [illegible]

Le cardinal Quirini, [illegible] pour la modération dont [illegible] hétérodoxes, & le soin qu'il [illegible] la personne, & avec les [illegible]

[illegible]

Fr. Rabelais, de Chinon [illegible] Momus des philosophes [illegible] eût été, s'il eût écrit [illegible]

J. Racine, [illegible] théâtre [illegible]

L. Racine, fils du précédent [illegible] littérateur estimable, [illegible]

Racicas, [illegible] aux peres, mais avec précaution. [illegible]

J. Ph. Rameau, de Dijon [illegible] & ses sentimens élevés.

P. Ramus ou la Ramée, [illegible] dois: homme au-dessus de son [illegible] d'un temps plus heureux: pour avoir [illegible] ses revenus à ceux de ses écoliers qui [illegible] besoin: pour avoir secoué dans l'école [illegible] d'Aristote & de l'ergotisme.

Aimar de Ranconet, de B[illegible] au parlement de Paris, & le [illegible] l'acte de bon citoyen qu'il fit quand [illegible] de Lorraine consulta le parlement sur [illegible] des hérétiques; acte de patriotisme qui [illegible] son auteur un séjour à la Bastille.

[illegible] Raphael Sanzio, né à Urbain, peintre ; homme de génie.

N. [illegible], poitevin, grand prévôt de la connétablie : pour n'avoir point voulu se prêter aux [illegible] de la ligue ; cela vaut bien de beaux vers qu'il ne favoit pas faire, il étoit mauvais poëte, mais bon citoyen.

[illegible], né à Tours, jésuite : homme de bien [illegible] poëte : pour ses mœurs & pour son poëme [illegible].

[illegible], né dans le Navarrois : médecin [illegible] pauvres, il vécut toujours sage, [illegible].

[illegible] anglois, philosophe moderne [illegible].

[illegible] Réaumur, rochellois : pour les [illegible] homme de bien, physicien plus [illegible] que spéculatif ; rendit aux [illegible] & à sa patrie.

[illegible], né à Arezzo : naturaliste habile & [illegible].

[illegible] Sylvain Regis, de l'Agenois ; après [illegible] : pour avoir été philosophe dans [illegible] pour le moins autant que dans ses [illegible].

[illegible], de Montpellier, médecin estimable [illegible] caractère ami de la tolérance.

[illegible] Regnard, parisien, après Molière : [illegible] talent dramatique.

[illegible] Regnier Desmarets, parisien : pour ses [illegible] bien moins que pour les belles qualités de son cœur.

bile, bon acteur : pour n'avoir point eu les mœurs de son état.

RICHARDSON, anglois : pour avoir fait Clarisse, Grandisson & même Pamela, romans au-dessus des meilleurs traités de morale.

N. RIGAULT, parisien, intendant de Metz : savant laborieux, homme bienfaisant & modeste.

Madame & mademoiselle des ROCHES, nées à Poitiers, la mère & la fille : pour leur tendresse réciproque, & encore pour leur esprit.

Ch. ROLLIN, de Paris : homme de bien, littérateur estimable, bon citoyen, instituteur plein de zèle, ame simple.

ROLLON Haroul ou Raoul, premier duc de Normandie : pour avoir mérité, par l'esprit d'équité qu'il montra sur le trône, que son nom seul, prononcé, fît loi : c'est l'origine du *cri de Haro*.

G. ROSCIUS, né gaulois, acteur célèbre à Rome : pour avoir mérité le bel éloge qu'en fait Cicéron.

Ch. d'Orléans de ROTHELIN, de Paris : ami des lettres & des littérateurs ; il sacrifia un évêché aux sciences.

J. de ROTROU, de Dreux : pour être mort, victime de son patriotisme, lors de l'épidémie qui désoloit sa patrie : pour n'avoir jamais voulu se liguer contre le Cid : pour son talent.

J. J. ROUSSEAU....

J. le ROY, né à Tours, célèbre horloger & bon citoyen : il prodiguoit à ses ouvriers ses bienfaits autant que ses lumières.

P. P. RUBENS, né à Cologne : grand peintre.

A. de RUFFI, conseiller à Marseille, sa patrie ;

magiſtrat intègre & ſavant : modèle pour les rapporteurs ; il fit remettre à un plaideur, dont il avoit mal examiné la cauſe, tout ce que celui-ci avoit perdu en perdant ſon procès ; avec Des barreaux, pour le même trait [illegible]

RUTILIA, dame romaine, ſœur de P. Rufus, & femme de M. A. Cotta : modèle pour ſon ſexe.

P. RUTILIUS-RUFUS, conſul romain : de probité exacte & intacte.

Fr. RUYSCH, né à la Haye : pour les [illegible] qu'il rendit à la botanique & à l'anatomie.

S

SABACON, ancien roi d'Egypte : [illegible] aboli la peine de mort, & n'avoit [illegible] criminels qu'aux travaux publics. Voyez [illegible] de Sicile.

L. SACY, pariſien, avocat : pour [illegible] ſa profeſſion avec autant de dign[illegible] homme de bien & bon littérateur [illegible]

Tannegui du Bouchet, dit SAINT-[illegible] homme poitevin : pour avoir, à [illegible] pluſieurs vies par ſa mort (comme [illegible] avec le chevalier d'Aſſas.

C. SAINT-EVREMONT, normand [illegible] ſes écrits, mais bien pour ſon caractère [illegible] philoſophique.

D. Sanguin de SAINT-PAVIN, de [illegible] avoir préféré, à ſon avancement dans [illegible] une vie douce & philoſophique.

Euſtache de SAINT-PIERRE, le plus [illegible]

bourgeois de Calais : pour sa générosité héroïque, lors du siége de sa patrie par les Anglois.

Castel de SAINT-PIERRE, normand : pour avoir mérité qu'on appelle ses ouvrages les *rêves d'un homme de bien*.

SAINTE-MARTHE : la famille savante & patriotique de ce nom.

C. SAINTE-MAURE, duc de Montausier (& son épouse Julie de Rambouillet), de Paris : modèle pour ceux qui se chargent de l'éducation d'un prince.

SALADIN, sultan d'Egypte : héros & homme parfait, s'il en est.

S. P. de l'Etang de la SALLE, conseiller au présidial de Reims ; citoyen ami du bien public, écrivain utile : pour son manuel d'agriculture, &c. fruit d'une expérience constante de 30 années.

A. H. de SALLENGRE, né à la Haye : littérateur savant & modeste, homme estimable & de mœurs douces : pour avoir soutenu des thèses publiques contre la coutume de donner la *question* aux coupables.

Secundus SALLUSTE-PROMOTUS, capitaine gaulois : non l'historien, mais l'ami & le collègue de l'empereur Julien dans le consulat : pour sa probité & sa valeur.

Julia Cornelia SALONINE, épouse de l'empereur Gallien : femme accomplie.

A. SALVAN de Saliez, née à Alby : pour avoir consacré son veuvage aux lettres & à l'amitié.

J. SALVOISON ou SALVAZON, périgourdin : pour sa bravoure ingénieuse, & sur-tout pour son amour envers sa patrie.

Edwin SANDYS, archevêque d'York : homme d'une probité rigoureuse.

L. SANLECQUE, parisien, prieur de Gornay : poëte médiocre, mais bon curé.

Nic. SANSON, d'Abbeville, célèbre géographe : pour sa modestie autant que pour ses vastes connoissances.

C. SANTEUIL, parisien, frère du poëte : il n'avoit peut-être pas la verve du victorin, mais le victorin n'avoit point la douceur du prêtre de S. Magloire.

SAPHO, lesbienne : pour son talent & [illegible] ses mœurs qui ont été calomniées.

C. SAUMAISE, de Sémur, en Auxois : [illegible] un peu aigre & suffisant dans ses écoles [illegible] doux & modeste avec ses amis : pour av[illegible] fusé 12000 liv. que lui offrit le cardin[illegible] lieu, dans l'intention de le faire trav[illegible] l'histoire de son ministère ; Saumaise r[illegible] qu'il n'étoit pas homme à sacrifier sa plu[illegible] flatterie.

L. SAVOT, bourguignon, médecin : [illegible] mandable pour sa vertu, sa simplicité [illegible] dition.

J. SAURIN, de Nismes, ministre pro[illegible] sur-tout pour son esprit de tolérance, [illegible] dans un théologien.

SCHAH-ABBA'S, neuvième roi de Pe[illegible] la race des Sophis : prince juste, qui [illegible] qu'on inquiétât personne pour sa religion.

Les SCIPPON...

D. Fr. SECOUSSE, parisien : parfait [illegible] homme.

Olympe SÉGUR, épouse du marquis de [illegible]

dame illustre par son amour conjugal ; avec Dona *Sancha*, femme de *Ferdinand* de Castille : pour la même vertu & le même stratagême.

J. Selden : savant anglois sans ambition, & qui prit pour devise *la liberté sur toutes choses.*

L. A. Sénèque, de Cordoue, philosophe : si l'on ne doit pas balancer à préserver le témoignage qu'en porte Tacite à ceux de Dion & de Xiphilin.

L. Servin, avocat général au parlement de Paris : bon magistrat & homme de bien.

Madame Sévigné, parisienne : modèle des mères tendres. Lisez ses lettres.

A. Shaftesbury, né à Londres : philosophe.

G. Shakespear, le père du théâtre anglois.

J. Sheffield, illustre amateur de la philosophie & des lettres.

G. Sheldon, archevêque de Cantorberi, philosophe bienfaisant : quoiqu'il ne regardât la religion que comme un *mystère d'état*, il étoit fort honnête homme & très-charitable ; il employa plus de 37000 livres sterlings en bonnes œuvres.

Philippe & Algeron Sidney, anglois & cousins germains : sur-tout *Algeron*, pour son traité du *gouvernement* dans lequel il soumet les rois aux loix, & ne fait dépendre les peuples que de celles-ci.

Sigismond I, le Grand ; Sigismond II, Auguste, le père & le fils, rois de Pologne : pour avoir su régner.

Le chevalier Hans Sloane, célèbre médecin irlandois : modèle à proposer aux citoyens & aux

médecins : pour ſes travaux utiles, & pour avoir établi le *diſpenſatoire* de Londres, &c.

R. M. Slodtz, dit *Michel-Ange*, pariſien, célèbre ſculpteur : pour ſon grand talent & ſes belles mœurs.

J. Soanen, de Riom, en Auvergne, évêque : non pour ſon éloquence, un bon paſteur en a toujours aſſez ; encore moins pour ſon zèle en faveur du quéneliſme, mais pour avoir été prélat accompli.

Socrate, d'Athènes...

J. Soleisel, du Forez, habile écuyer : pour avoir mérité qu'on diſe de lui qu'il auroit mieux fait encore le livre du parfait honnête homme que celui du parfait maréchal.

Solon, le ſecond des ſept Sages de la Grèce... ; d'Athènes.

Sophocle, d'Athènes : grand poëte tragique.

Agnès Sorel ou Soreau, née en Touraine : pour avoir fait ſervir l'amour de Charles VII, pour elle, à le rappeler à ſes devoirs de ſouverain.

R. Spifame, pariſien, avocat : pour avoir fait le livre intitulé : *Dicearchiæ Henrici regis...*

Baruch de Spinosa, né à Amſterdam, [illegible] juif portugais & marchand : pour avoir [illegible] modèle des philoſophes dans la pratique, [illegible] porte la théorie.

Leſzinski Stanislas I, roi de Pologne, grand duc de Lorraine, dit le bienfaiſant : bon prince en effet.

Stilpon, philoſophe ſtoïque de Mégare...

Werner Stouffacher, ſuiſſe, du canton de Schwitz : l'un des libérateurs de ſa patrie avec Guill. Tell, &c.

Strabon, né en Cappadoce : historien géographe & philosophe stoïcien.

Straton, de Lampsaque : philosophe péripatéticien.

Eustache le Sueur, parisien, peintre célèbre : pour son talent que relevoit encore la probité & la candeur.

Sully, né à Rosni.

Jonatham Swift, né à Dublin ; le Rabelais d'Angleterre : pour avoir établi une banque en faveur des pauvres.

T

C. C. Tacitus, chevalier romain : pour avoir écrit l'histoire, en philosophe.

M. C. Tacitus, empereur romain : bon prince.

Le Tasse, néapolitain.

Télesille, femme illustre, d'Argos : avec J. Hachette.

G. Tell : l'un des principaux libérateurs de sa patrie.

G. Temple, de Londres : pour son amour de la liberté.

J. Terrasson, lyonnois : bon littérateur & philosophe pratique.

Thalès, de Milet, l'un des sept Sages de la Grèce : pour avoir été bon philosophe & mauvais courtisan.

Thalès, poëte grec, ami de Licurgue : pour les belles maximes contenues dans ses vers.

Thémistocle, général athénien, grand homme : entr'autres choses, pour n'avoir point voulu porter les armes contre son ingrate patrie ; & pour ce beau mot : *frappe, mais écoute*, &c.

Théocrite, poëte de Syracuse ou de l'isle de Cô : pour avoir consacré sa lyre à chanter les beautés de la nature, & les douceurs de la campagne. Poëte des bergers.

Théophraste, grec, fils d'un Foulon : philosophe de paroles & d'effet.

Théramène, illustre athénien, qui mourut comme Socrate.

Thomas de Jésu, hermite portugais ; captif chez les Musulmans qui le maltraitoient, la comtesse de Signarès, sa sœur, voulut en vain le racheter ; il préféra de demeurer avec les autres captifs pour les consoler.

Thomas : pour avoir consacré sa plume à la gloire des grands hommes, & sur-tout pour son éloge de Marc-Aurèle.

I. Thompson, écossois, grand poëte : pour ses belles mœurs & son beau poëme des saisons.

Le président de Thou, parisien, magistrat intègre : homme de bien, bon historien.

Fr. A. de Thou, fils du précédent ; qui aima mieux périr sur un échaffaud que de dénoncer son ami Cinqmars.

A. A. Tibule, chevalier romain, né à Rome, le poëte des amans.

Timoléon, capitaine corinthien.

Timothée, capitaine athénien ; pour son désintéressement extrême.

C. Fr. Tiphaigne de la Roche, normand, médecin & homme estimable.

E. Titon du Tillet, parisien; bon citoyen; à cause de son amour pour les lettres.

Titus, empereur...

Jean Toland: pour son *Panthéisticon.*

J. Pithon Tournefort, d'Aix, en Provence: savant laborieux, homme estimable, bon citoyen: pour les services qu'il rendit à la botanique.

Le Tourneur: pour avoir naturalisé en France, Ossian & Shespear.

Fr. V. Toussaint, parisien, avocat: s'il est l'auteur du livre des *mœurs.*

U. Trajan, né près de Séville, en Espagne; empereur romain...

F. S. Tranquilline, l'épouse de Gordien le jeune, empereur, & fille de *Misithée*, homme recommandable par sa probité & son éloquence: femme estimable, dont le caractère étoit aussi doux, ses mœurs aussi pures, que sa figure étoit belle.

Trasybule, général des Athéniens: libérateur de sa patrie; pour en avoir chassé les trente tyrans, &c.

L. de la Trémoille ou Trimouille, dit *le chevalier sans reproche*: pour avoir mérité son surnom.

Tribunus, célèbre médecin du septième siècle, né en Palestine, du temps de Chosroès I, roi de Perse: pour son désintéressement & sa générosité.

M. H. Tromp, amiral hollandois: pour avoir été grand homme de mer & modeste: pour avoir mérité & n'avoir accepté sur mer que le titre de *grand père des matelots*, & dans son pays celui de *bourgeois.*

J. Truchet, lyonnois: pour avoir inventé

des machines utiles dans les manufactures, & pour avoir été aussi simple que ses machines.

Em. W. TSCHIRNAUS, né dans la Lusace : habile mathématicien : bienfaiteur des sciences, des savans & de ses ennemis.

TURENNE, né à Sédan...

A. TURNÈBE, normand : savant estimable, homme de bien : pour ses mœurs, sa modestie, son amour du travail, & pour avoir mieux aimé vivre pauvrement dans sa patrie que riche ailleurs.

V

J. de la VACQUERIE, premier président du parlement de Paris : pour sa probité, pour sa fermeté & son zèle à soutenir les citoyens, sous Louis XI ; le chancelier l'Hopital dit de lui qu'il étoit recommandable par sa pauvreté.

J. J. VADÉ, picard, homme de bien : le Teniers de la poësie ; l'Homère du peuple.

J. F. VAILLANT, de Beauvais : antiquaire & homme estimable.

S. VAILLANT, né près Pontoise : botaniste & homme estimable.

J. B. H. de VALINCOURT, originaire de Picardie, de l'académie françoise : philosophe, ami de la paix.

La duchesse de la VALLIÈRE ; pour avoir aimé Louis XIV pour lui-même, &c...

Henri & Adrien de VALOIS, parisiens, freres, savans laborieux.

J. VANIÈRE, du diocèse de Béziers, au bourg de Causses : pour avoir écrit le *prædium rusticum*.

J. B. Vanloo, d'Aix, peintre : pour l'excellence de son talent que relevoit encore son caractère doux & bienfaisant.

Ge. Van-Swieten, de Leyde : recommandable comme homme & comme médecin.

P. Varignon, de Caën : Fontenelle dit de lui que personne n'eut plus de conscience ; il portoit la vertu de la reconnoissance au plus haut degré ; pour ses connoissances, mais sur-tout pour ses mœurs.

M. T. Varron, le plus docte des romains : pour son traité de *re rusticâ*.

N. J. de la Verdure, né à Aire, docteur à l'Université de Douai : d'un savoir profond & d'un désintéressement plus rare encore : pour avoir été l'ami de Fénélon.

P. Werheyen, fils d'un laboureur du village de Vèrebroucq, au pays de Vaïs, & laboureur lui-même jusqu'à 22 ans : médecin & homme estimable ; il ne laissa d'autres biens que sa réputation : il voulut être enterré au cimetière *ne templum deshonestaret, aut nocivis halitibus inficeret.*

G. J. du Verney, né à Feurs en Forez : savant anatomiste : pour avoir exposé sa santé, dans son travail opiniâtre sur les insectes & les limaçons ; il étoit vif, mais bon.

R. A. de Vertot d'Aubœuf, normand, historien : pour son caractère aimable, ses mœurs douces, & pour avoir été bon ami.

T. F. Vespasien, né près de Riti ; empereur romain : avec quelques petites restrictions.

N. de VEZINS, lieutenant de roi dans le Quercy : pour son action de générosité envers un gentilhomme calviniste, lors de la Saint-Barthélemi.

Dominique de VIC, gouverneur d'Amiens, vice-amiral de France, bon patriote : pour son humanité & sa valeur. Voyez les deux traits touchans que l'histoire nous a conservés de lui.

A. de VIGNOLES, languedocien : savant estimable, homme bienfaisant ; sa frugalité étoit le trésor des pauvres, & sa tranquillité d'esprit lui procura des jours heureux & longs.

Philippe de VILLIERS, de l'Isle-Adam, grand maître de Malthe ; pour avoir été le défenseur généreux & le père de ses chevaliers.

St. VINCENT de Paule, né à Poy, diocèse d'Acqs : au petit nombre des véritables héros de l'humanité.

VIRGILE : pour ses géorgiques.

A. L. Ch. de la VISCLÈDE, né à Tarascon : pour avoir été le Fontenelle de la Provence.

J. VITTEMENT, champenois, prêtre, sous-précepteur de Louis XV : non pour ses écrits, mais pour sa belle conduite plus instructive & plus recommandable.

Luchino VIVALDO, citoyen de Gênes : pour un trait de continence, supérieur à celui de Scipion. Lisez les annales de Justiniani, année 1395.

V. VOITURE, d'Amiens : pour la lettre de change qu'il fit à Balzac.

VOLTAIRE, de Chatenay, près Paris...

Titus Volumnius, chevalier romain : pour ſon héroïſme en amitié.

S. Vouet, pariſien : grand peintre.

W

La fille d'A. de Wicquetort : elle hazarda ſa liberté pour délivrer ſon père, & à cet effet changea avec lui d'habit.

Winkelmann, antiquaire infatigable : il avoit au plus haut degré le ſentiment des arts. Sa paſſion pour le beau alloit juſqu'au culte.

Les femmes de la ville Winsberg, en Allemagne : quand Conrad III prit cette ville, le vainqueur leur permettant d'emporter en ſortant ce qu'elles avoient de plus précieux, elles chargèrent leurs maris ſur leurs dos & prirent leurs enfans ſous leurs bras.

J. B. Winslow, danois : pour avoir été l'un des hommes les plus honnêtes, & l'un des anatomiſtes les plus habiles.

J. Wit, né à Dordrecht : pour avoir eu les vertus d'un bon patriote & les qualités d'un grand homme, ſans oublier ſon frère Camille Wit : tous deux dignes d'une fin plus heureuſe.

C. Witasse, du diocèſe de Noyon : pour avoir fait ſon établiſſement de la maiſon des prêtres de Saint-François d'Af. où les pauvres curés & les prêtres invalides trouvoient un azyle & une ſubſiſtance honnête.

C. de Wolff, né à Breſlau : c'étoit un ſage.

G. Wollaston, prêtre anglicain : c'étoit un ſage.

X

Xantippe, général lacédémonien : pour avoir eu les mœurs & le courage qui caractérisent sa nation.

Xénocrate, né à Calcédoine, philosophe platonicien : du petit nombre de ceux dont le nom seul fait l'éloge. Sa probité étoit telle qu'il fut l'unique citoyen que les magistrats d'Athènes dispensèrent de confirmer son témoignage par le serment.

Xénophanès, né à Colophon, chef de la secte éléatique : grand philosophe, mais moins grand que Xénocrate.

Xénophon, athénien, élève & ami de Socrate, homme d'état, philosophe & bon écrivain. Il avoit l'amabilité d'un athénien & les vertus d'un spartiate.

Y

Yoto, femme d'Abenchamot, arabe, plein de bravoure : pour sa fidélité envers son mari.

E. Young, poëte anglois : pour avoir fait son beau poëme des *nuits*, & pour avoir mis en pratique les beaux sentimens qui s'y trouvent.

St. Yves, avocat & curé, breton : modèle pour les confrères, dans ces deux professions.

Z

Zacharie, pape, grec de naissance : pour son caractère bienfaisant.

ZALEUCUS, élève de Pythagore : législateur des Locriens, ses compatriotes.

ZAMOLXIS, esclave de Pythagore : législateur des Gètes, ses compatriotes.

J. ZAMOSKI, né dans la Russie rouge : grand homme d'état : pour avoir refusé la couronne de Pologne, & avoir mérité les titres de défenseur de la patrie & protecteur des sciences.

ZARINE, reine des Scythes-Saces : pour sa vertu personnelle, & pour avoir été un grand homme sur le trône.

C. ZENO, vénitien : non Apostolo *Zeno*, le poëte, quoique ce fût un citoyen estimable ; mais l'homme d'état : pour avoir continué à servir sa patrie ingrate envers lui : comme aussi pour avoir souvent sacrifié sa fortune pour payer ses soldats & les ramener à leur devoir.

ZENON, de l'isle de Chypre : fondateur des Stoïciens...

ZOROASTRE, philosophe oriental...

Fin du Dictionnaire des Honnêtes Gens.

NOTICE

De quelques Almanachs & Dictionnaires qui ont quelques rapports avec l'Almanach & le Dictionnaire des honnêtes Gens, & avec la Révolution.

Année sainte ou bref martyrologe, propre pour les paroisses & familles chrétiennes, par [illegible] docteur en théologie, de la faculté de Paris. A Paris, chez Josse, aux [illegible]. Avec approbation & permission, [illegible]

Espèce de Calendrier.

L'auteur est quelquefois d'une naïveté [illegible]sante.

12 *Janvier*. Il est aujourd'hui S. Arcade gentil-homme, qui rendit à Dieu ce qui appartenoit à Dieu, & à César ce qui appartenoit à César! Mon Dieu! donnez cettegrace à la Noblesse.

12 *Mars*. Il est aujourd'hui Ste. Mathilde, mère de l'empereur Othon; humble dans les grandeurs, pieuse à la cour, & fort magnifique à l'église. Mon Dieux! donnez ces vertus aux dames.

Almanach d'amour pour l'an de Grace 1668; par le grand Ovide, à Cypre. 30 p. in-12.

Cette bagatelle est originale. L'idée en est plus heureuse qu'heureusement rendue. On rapporte

porte à l'amour tout ce qui constitue un almanach ordinaire. Les vers qu'on y trouvent sont en général assez joliment tournés.

Le Calendrier des fous, à Stultomanie, l'an depuis qu'il y a des fous. 7737 (1737) *in*-12.

L'auteur ou plutôt le rédacteur de cet almanach avoit donc bien peu de ressources pour amuser ses lecteurs, puisqu'il croit ne pouvoir le faire qu'aux dépens de la décence. Cet ouvrage est composé d'anecdotes que tout le monde ne sait que trop, & de mauvais lazzis qu'aujourd'hui nous appelons calambours.

Le Calendrier des Vierges, dédié aux Vestales de 20 ans. 1760, *in*-12.

On y trouve une épitre dédicatoire aux Vestales, en grands vers assez bien faits, deux vaudevilles qui ne sont pas mal; ensuite une histoire de Florine dans le style des romans lestes de Crébillon; & enfin douze devises ou quatrains, presque tous des épigrammes.

Les Grands Hommes, étrennes. 1766, *in*-12.

Almanach dans le goût de l'*Année Savante* ou du *Calendrier de Philadelphie*, mais bien inférieur à ce dernier. Ces étrennes sont composées de cent trente anecdotes ou sentences d'autant de grands hommes. C'est un extrait des dictionnaires historiques.

Almanach philosophique 1767.

Brochure foible, dans laquelle l'auteur veut plaisanter les philosophes de nos jours. Il [illegible] reste rien de la lecture de cette critique.

Calendrier de Philadelphie pour l'année 1777. Londres, p. *in-12.*

Petit manuel de morale dans le genre [illegible] l'imitation du *bonhomme Richard* de [illegible] dont on cite plusieurs maximes. Mais [illegible] drier est d'un ton un peu plus relevé. [illegible] jour du mois on lit une sentence plus [illegible] longue, mais toujours [illegible] est heureux. On y donne aussi de temps en temps, à l'occasion de la fête du jour, [illegible] coups d'évantail sur les doigts de notre mère la sainte église catholique.

Voici une de ces pensées quotidiennes [illegible] vérité est la fleur de l'arbre de vie ; la [illegible] est le fruit.

Etrennes aux Grisettes.

Raisonnable ou non, tout s'en mêle.

36 p. *in-8°. avec une figure.*

Libelle diffamatoire, d'un style dég[illegible]

Cette nomenclature renferme pêle-mêle des [illegible]trices de tous les théatres, des femmes [illegible] en effet, & quantité de bonnes filles honnêtes qui méritoient plus d'égards.

Au reste, ceci ne peut leur faire tort.

A la fin sont quelques notes tout-à-[illegible]niques.

Almanach des honnêtes femmes.

Et lassata viris, nondùm satiata, recessit.

JUV.

De l'imprimerie de la Société Joyeuse. in-8°. 30 p.

Quoi qu'en dise le titre, il y a ici plus que de la gaieté : & le sel qu'on y jette à pleine main, est du plus gros.

Voici les principales fêtes de ce nouveau calendrier :

La fête des reines, — en place des rois.

La fête du rapt, — en place de l'assomption.

Le rédacteur place aux quatre-temps, les femmes maigres.

Les roturières, — le vendredi & le samedi.

Les catins, — le dimanche.

Et les femmes de qualité, — à tous les autres jours.

Ce pamphlet ordurier est une grossière parodie de l'almanach des honnêtes gens ; production morale & philosophique qui n'étoit pas destinée à servir de modèle pour de telles infamies.

Le petit almanach de nos grandes femmes, accompagné de quelques prédictions... !

Notum quid foemina possit.

VIRG. ÆN.

Londres. 118 p. *in-12.* 1789.

C'est le pendant ou la suite du petit almanach des grands hommes de l'année précédente. Il en à tous les défauts, la monotomie, l'inexactitude & l'insignifiance; il offre aussi quelques traits d'esprit & de gaieté.

On pouvoit en tirer un parti meilleur & plus utile, mais cela eût demandé plus de soins & de recherches.

Néanmoins, tel qu'il est, il pourra servir à réprimer un peu la démangeaison d'écrire de certaines dames.

Almanach des députés à l'Assemblée nationale. 212 p. *in*-12.

Liste nominale & raisonnée de nos représentans par ordre alphabétique de bailliages. Ce cadre monotone en lui-même demandoit beaucoup d'esprit & de gaieté, & beaucoup de sel. Il y a de tout cela, mais à petite dose. On joue trop souvent sur le mot.

Par exemple :

M. *Bracq*, curé; si nous le mordions, il pourroit nous le rendre.

M. *Joyeux*; à table, en humant le champagne, son caractère est dans un parfait accord avec son nom.

M. Belleau, lieutenant de maréchaussée de France; nous le croyons digne du bâton. Duquel traitement est digne à son tour un libelliste qui se permet des plaisanteries pareilles.

Pourquoi tous les articles ne ressemblent-ils pas à ces deux-ci!

Tellier, avocat du roi; étant l'avocat du roi, il ne peut être l'avocat de la nation.

Le vicomte de Noailles : ce gentilhomme patriote a l'ame aussi noble que s'il étoit né roturier.

L'abeille aristocrate, ou étrennes des honnêtes gens. Sic vos non vobis, mellificatis apes. *A Rome. Paris*, 1790. *in*-8°. 144 p. *avec fig.*

Cet almanach est un petit recueil de tous les petits vers composés en l'honneur de l'aristocratie. Il y a aussi de petits morceaux de prose. Voici un échantillon de la prose, extrait d'une pièce intitulée : *l'Abeille aux frelons.* On s'adresse à Marie-Antoinette d'Autriche :

» Toi que nos jambes se plaisoient à brosser ; toi que nous léchions avec tant de plaisir... Que ton sort est cruel ! ils te tiennent captive dans un alvéole infecte ! & peut-être... »

Que ces images sont gracieuses ! que les aristocrates de la cour & de la ville, ont d'esprit, quand ils s'y mettent !

Parmi les pièces de vers, il y a beaucoup de parodies, de centons, de rebus, vrais rebus des Muses.

Etrennes à la vérité, ou almanach des aristocrates, orné de deux gravures, avec cette épigraphe :

> Leurs noms & leurs forfaits gravés sur l'airain
> Seront en horreur à la postérité.
>
> CICÉRON.

A Spa, chez Clair-Voyant, imprimeur-libraire de leurs AA. R. & SS. nos seigneurs les princes fugitifs, à l'enseigne de la Lanterne. in-8°. 80. p.

De l'imagination, de l'esprit, de la gaieté ; mais aussi des coups de fouet donnés inconsidérément à tort & à travers, dans le visage de plusieurs honnêtes gens malheureusement sur le passage des rédacteurs de cet almanach.

Citons quelque chose :

Foire de la cour du Palais. — On y vendra... Le fameux réchaud où Me. Antoine Séguier faisoit brûler la vérité.

Almanach des patriotes, ou précis des révolutions de 1789. Paris, Lagrange, 1790. 108 p. in-18.

C'est un choix peu sévère & mal motivé de plusieurs traits & de quelques fragmens des discours prononcés relativement à la révolution. Quand au précis, il est mal rédigé & parsemé de phrases parasites & adulatrices, qu'on ne devroit pas se permettre sous le règne de la liberté.

Puis, viennent quelques pièces fugitives en vers & en prose dans le même genre. Un appendix de 36 pages offre, sous le titre de pièces détachées, *la prise des annonciades*; joli petit pamphlet bien connu, qui égaya un peu les deux partis.

Le petit cadeau national, ou étrennes à la jeunesse. Mêlange original & récréatif, par M. Déduit, *auteur patriote. Paris, Laurens, premier imprimeur de la nation, 1790.*

Ce petit almanach en effet a quelqu'originalité. On y trouve de tout : des vers, de la prose, des dialogues, & un dictionnaire philosophico-national, dont voici un article.

„ *Quint & Quatorze* ; voilà notre jeu. La „ constitution est *le point* qui nous manque pour „ gagner la partie. „

Y, Lettre que je n'ai jamais aimée pour des raisons à moi connues.

L'auteur seroit-il disgracié de la nature ?

Almanach du P. Duchesne, ou le Calendrier des bons citoyens. Ouvrage boug... patriotique. A Paris, chez Tremblay, par permission du P. Duchesne, 1791. 116 p. in-12, avec une figure.

On s'attend à des jurons pittoresques, à des saillies grivoises, à de l'esprit naturel, à de l'énergie.

Rien de tout cela. Tout est écrit d'un style de gazette, bardé de plats juremens.

Etrennes au public.

Erubuit, salva res est.

Com. de Térence.

56 p. in-8°. (*par M. Cérutti.*)

L'auteur n'a pas eu besoin de mettre son nom à ces petits pamphlets littéraires plutôt que politiques. C'est du Cérutti. De l'esprit, & encore de l'esprit; & rien autre chose que de l'esprit. Toute la brochure est écrite dans ce genre :

> Les uns font des dénonciations écrasantes ;
> Les autres, des dissertations écrasées.
>
> *Préface.*

Pourtant, il faut dire que dans ces deux lignes, il n'y a ni esprit, ni goût.

On y trouve une dénonciation contre un noble prévaricateur, envoyée à tous les chapitres de noblesse de France & d'Allemagne, avec cette épigraphe due à M. de Lauraguais, ci-devant comte :

> La noblesse est au tiers-état,
> Ce que la fable est à l'histoire.

Le tout est terminé par le prospectus d'un *dictionnaire d'exagération* destinés à MM. les Rédacteurs du Journal de Paris. On y tourne en ridicule les innovations littéraires qui se glissent dans les écrits modernes.

Le Nostradamus moderne, almanach national & patriotique, avec des changemens notables dans le Calendrier, & des prédictions pour chaque mois, enrichi d'anecdotes.

Ecce [illegible] semel.

A Liége, & se trouve à Paris. 144 p. *in-12.*

C'est un réchauffé, avec des commentaires, de l'*almanach des honnêtes gens*. Ce cadre a servi à bien des *croûtes*. Tous les changemens imaginés par l'auteur ne sont pas heureux, & la plupart sont bisarres. Il donne à chaque mois le nom d'homme célèbre, mort.

Janvier, — Voltaire.
Avril, — J. J. Rousseau.
Mai, — Jeanne d'Arc, &c.

Chaque jour du mois porte le nom d'un député à l'Assemblée nationale.

Chaque signe du Zodiaque de même.

Par exemple;

Celui de la Vierge, — le cardinal de Rohan.
Les huit planettes aussi :
Le soleil, — personne.
Mercure, — l'abbé Vermont.

Le reste du volume est rempli de notices historiques & de pièces fugitives, en prose & en vers, ramassées çà & là, & connues.

Dictionnaire d'amour, dans lequel on trouvera l'explication des termes les plus usités dans cette langue. Par M. de... *La Haye*, 1741. *près de* 250 *p. in*-12.

Brochure insignifiante qu'on a voulu faire plaisante, & dans laquelle il n'y a pas le plus petit mot pour rire. Rien de plus languissant, de plus froid, de plus lourd, de plus triste; & le sujet pour-tant prêtoit ce semble à toute autre chose.

Dictionnaire d'amour, 1751, *in*-12.

Il y avoit matière à un livre charmant. Celui-ci est manqué. Les articles pour la plupart sont beaucoup trop longs. Il y a trop de jargon. Les vers qu'on y a parsemés ne valent pas grand chose. C'est de l'ouvrage à refaire.

Dictionnaire historique portatif des femmes célèbres. A Paris, chez Cellot, 1769. *in*-8°. *3 vol.*

Compilation rédigée sans goût, mais par fois bonne à consulter.

Essai d'un dictionnaire allemand ; traduction libre de l'Allem. Par de Boispreaux. *in-12.*

C'est une satyre de Rabener. Le *porte-feuille* du P. Gillet est plus piquant que ce dictionnaire, si l'on peut juger d'un original, d'après une traduction libre.

Dictionnaire critique, pittoresque & sentencieux. Par le marquis de Caraccioli. 3 vol. [illegible]

Rien de plus plat, de plus soporatif. Quels lecteurs le marquis a-t-il donc eu en vue, en donnant l'explication de *Cotillon, Bidet*, &c.

Nouvelle Légende dorée, ou Dictionnaire des saintes, mis au jour par le rédacteur de l'Almanach des Honnêtes Gens. 2 tom. *A Rome,* 1790. *in-12.*

Le petit alphabet de cour, 22 p. *in-8°.* 1790.

Les noms du plus haut parage composent cet alphabet médisant.

Qu'on juge du reste & du style des articles, par celui de M. Necker... Les cent bouches de la renommée sont trop fatiguées des éloges prodigués à ce mulet financier... Hermaphrodite qui ne produit rien.

Petit Dictionnaire des grands hommes & des grandes choses qui ont rapport à la révolution, composé par une société d'aristocrates, dédié aux états-généraux, dits Assemblée nationale.

pour servir de suite au brigandage du nouveau royaume de France, adressé à ses 1200 tyrans.

Nous n'avons plus ni foi,
ni loi,
ni roi.

Paris, de l'imprimerie de l'Ordre Judiciaire. 1790. *in-8°*. 102. p.

De tels ouvrages sont aisés à faire. L'ordre alphabétique est commode à ceux qui n'ont qu'un talent décousu. D'ailleurs, la mauvaise foi, l'esprit de dénigrement & des sentimens d'esclave, n'étant point susceptibles de logique, ont besoin d'un cadre qui en dispense.

Mais citons. S'il est des gens à qui on ne peut dire rien de pis que leur nom; il est des écrivains à qui on ne peut jouer de plus mauvais tour que de publier d'eux une citation.

Paris s'appeloit autrefois *Lutetia*, *ville de boue*; rendons-lui son ancien nom. Les aristocrates sont érudits.

Petit Dictionnaire des grands hommes de la révolution, par un citoyen actif, ci-devant rien.

Tous les hommes sont bons.
SEDAINE, *déserteur*.
Ou *l'abbé* SIEYES, *droits de l'homme*.

Au Palais royal, de l'imprimerie nationale; 1790. 112 p. *in-12*.

D'abord une épître dédicatoire à Son Ex. Madame la baronne de Staël, ambassadrice de Suède, auprès de la nation.

Puis une assez longue préface.

Le tout parfaitement calqué sur la forme, l'esprit & le style du petit dictionnaire des grands hommes de 1788, par Rivarol.

Ce dictionnaire est composé de 136 articles ou épigrammes en prose contre autant de personnages qui ont la plupart bien mérité de la patrie.

Cette production un peu lourde est l'œuvre ténébreux d'un esclave qui a des saillies & quelque facilité pour écrire. Mais la lecture d'un bout à l'autre finiroit par des baillemens, malgré les sarcasmes qui n'ont pas tous le même sel.

Nouveau Dictionnaire françois, à l'usage de toutes les municipalités, les milices nationales & tous les patriotes, composé par un aristocrate; dédié à l'Assemblée nationale, pour servir à l'histoire de la révolution de France.

Et c'est la vérité, comme on dit, toute nue.

Nouvelle édition, en France, d'une imprimerie aristocrate, & se trouve à Paris, au jardin des Tuileries, au club des Jacobins, à l'hôtel-de-ville, chez le général Mottié, chez les présidens de district, dans les départemens, chez les 44 mille maires. Prix 6 liv. 1790, in-8°, 133 p.

Au bas du titre, on lit ce N. B.

« On ne recevra en paiement ni assignats, ni billet d'aucune espèce, s'ils ne sont cautionnés par un juif, un comédien, ou un bourreau en fonction d'officier municipal. »

Ce livre est de l'aristocratie d'une effronterie rare. L'auteur parle souvent de Marseille. Y seroit-il ? Au bagne apparemment.

Quoi qu'il en soit, la lecture de ce libelle sans esprit est dégoûtante. Toujours les mêmes injures.

Supplément au nouveau Dictionnaire françois, ou les bustes vivans du sieur Curtius distribués en appartemens. De l'imprimerie du sieur Motié ; & se trouve chez M. Bailly, rue Trousse-Vache, 1790. *in*-8°. 32 p.

Mauvaise copie de la lanterne magique du vicomte de Mirabeau. On ne trouve ici que de la méchanceté sans sel & des injures sans style ; d'ailleurs, c'est l'œuvre d'un esclave ; l'écrivain en a tous les sentimens.

A la suite est la lettre d'un citoyen actif du fauxbourg Saint-Antoine, adressée au bourreau. Cette épître est encore plus pitoyable que le reste.

Les nouvelles de Cythère, ou petites affiches du Palais-Royal ; (mars, 1781 *) par l'un des rédacteurs de l'almanach des honnêtes gens. A Paris, de l'imprimerie des menus plaisirs de l'académie royale de musique & des autres principaux théâtres,* 1788. 21 p. *in*-12.

Il y a quelqu'esprit & beaucoup de méchanceté dans ce petit libelle broché contre les acteurs, actrices, danseuses, filles & femmes entretenues du Palais-Royal.

Mais pourquoi attribuer cette production ordurière à l'homme de lettres honnête, qui rédigea l'almanach des honnêtes gens? Cette contre-vérité est aussi par trop indécente.

Le *Catéchisme du curé Meslier*, qui lui fut également attribué, blesse moins les convenances.

*Calendrier des Héros ou le Manuel des militaires. Paris, veuve Duchesne, par G*** (Gency). in-8°. 1772. 450 p.*

L'auteur substitue aux saints les gens de guerre, & donne un précis de leur vie. Ce livre, dont il n'a paru qu'un volume, étoit destiné à l'éducation de la jeune noblesse militaire. Il est probable qu'il ne sera jamais achevé. Il n'y a que six mois de composés. Ils forment un fort volume. Quand on l'aura lu, on ne sera pas impatient de lire le second.

*Etrennes littéraires, ou Almanach offert aux amis de l'humanité; par M. R*** (Riboud, ancien procureur du roi, à Bourg, en Bresse), pour l'année 1785. in-8°.*

Cet almanach, qui a précédé celui des honnêtes gens, en contient le germe; mais il n'en a pas fourni l'idée. Ce n'est pas la première fois que deux honnêtes gens se sont rencontrés.

M. Riboud remplace les saints personnages du calendrier romain par les plus grands hommes connus de l'histoire universelle, & il indique une fête analogue au nom des principaux d'entr'eux:

Columelle, — fête de l'agriculture.
David, — fête des pénitens.
J. J. Rouſſeau, — fête des ames ſenſibles.
Newton, — grande fête dans l'univers.
Scarron, — fête des malades agréables.
Voltaire, — fête de commandement.
Confutius, — grande fête à la Chine.
Franklin, — fête des Etat-Unis & des ſavans.
Le grand Corneille, — fête au théâtre.
Montaigne, — fête des philoſophes.
Fénélon, — fête en France.
Chancelier l'Hôpital, — très-grande fête.
Solon, — grande fête jadis à Athènes.
Galilée, — fête des gens de lettres perſécutés.
Pétrarque, — fête à Vaucluſe.
Héloïſe, — fête des femmes ſavantes.
Delalande, — fête des aſtronomes.
Sapho, — fête des poëtes féminins.
Homère, — fête générale.
Socrate, — fête des ſages.
Buffon, — fête de la nature, &c.

FIN.

www.ingramcontent.com/pod-product-compliance
Lightning Source LLC
LaVergne TN
LVHW020023170826
845678LV00001B/98

* 9 7 8 2 3 2 9 7 8 8 1 6 6 *